LES DERNIÈRES CAUSERIES

DE

H. ROCHEFORT

ANNOTÉES, COMMENTÉES ET RÉFUTÉES

PAR

W. DE FONVIELLE,

Condamne à mort par la Commune.

BRUXELLES

OFFICE DE PUBLICITÉ
46, rue de la Madeleine.

BUREAU DU PETIT JOURNAL
26, rue de l'Écuyer.

1871

LES DERNIÈRES CAUSERIES

DE

HENRI ROCHEFORT.

LES DERNIÈRES

CAUSERIES

DE

H. ROCHEFORT

ANNOTÉES, COMMENTÉES ET RÉFUTÉES

PAR W. DE FONVIELLE,

Condamné à mort par la Commune.

BRUXELLES

OFFICE DE PUBLICITÉ
46, rue de la Madeleine.

BUREAU DU PETIT JOURNAL
26, rue de l'Écuyer.

1871

LES DERNIÈRES CAUSERIES

DE

HENRI ROCHEFORT.

Depuis le 18 mars, date infâme, nous avons fait nos modestes efforts pour protester contre une révolution mensongère et menteuse. Nous continuerons à guider de notre mieux l'opinion et même le gouvernement de la République dans une tâche importante, indispensable. La République ne sera définitivement enracinée que lorsque l'on aura saisi la main des Prussiens et des bonapartistes qui ont exploité les malheurs publics et l'ignorance populaire pour amener cette série de désastres. Il y a quelques jours nous avions une audience du secrétaire particulier du chef du pouvoir exécutif, nous nous efforcions d'attirer son attention sur le moyen le plus pratique pour obtenir justice des misérables qui, refugiés à Londres, déshonorent la grande hospitalité britannique. A notre sollicitation un légiste éminent d'Angleterre nous a accompagné pour développer les détails d'un plan d'action permettant de remonter jusqu'à la source vraie de nos malheurs. Quand il en sera temps nous ferons confidence au public de notre système. Nous exposerons en détail les raisons que nous avons fait patriotiquement valoir pour mettre une terme rapide à une impunité scandaleuse, sans ébranler une alliance nécessaire, mais au contraire, en la consolidant par un solennel hommage à la justice britannique. Mais nous devons, en même temps, profiter de l'influence que les événements ont pu nous donner, pour appeler l'attention sur quelques personnalités dignes d'intérêt. Il ne faut pas que l'ambition légitime d'obtenir justice de quelques scélérats nous égare. Entre ces accusés célèbres, sur lesquels il est nécessaire de se faire une opinion exacte, le plus illustre est à juste titre Rochefort. C'est celui dont le nom qui excitait naguère le plus de sympathie semble exciter aujourd'hui le plus de répulsion et de haine. Dans un certain monde, c'est celui dont le sort exercera le plus d'influence sur l'issue de bien des instances. Nous allons donc examiner impartialement les *Dernières causeries de Rochefort*, publiées dans *le Mot d'Ordre*, journal dont le nom seul semblait une menace permanente d'insurrection. Nous allons voir si elles méritent l'opinion qu'on s'en est formée sans les lire. Il ne nous appartient point de nous prononcer sur les faits de la cause étrangers à la polémique de cette feuille; ceci sera l'affaire de la défense ou de l'accusation. Nous ne pouvons cependant nous empêcher de présenter quelques considérations préliminaires indispensables pour que chacun puisse juger l'accusé d'après ses œuvres.

Rochefort était relativement un nouveau venu dans le parti républicain. Il avait traversé *le Figaro*, journal qui était suspect à plus d'un bon citoyen. Aux yeux de bien des puristes, ses rapports avec M. de Villemessant lui avaient imprimé une tache originelle. On avait vu avec jalousie, dans le camp des irréconciables, la jeune gloire du rédacteur unique de la *Lanterne*, éclipser la longue abstinence des fruits-secs de l'abstractionisme; ce succès si rapide, si mérité avait son revers.

Rochefort n'a point osé affronter le reproche d'apostasie en se séparant brusquement d'amis compromettants et compromis. Il ne put continuer à garder à l'assemblée de Bordeaux l'attitude pleine de réserve et de dignité qu'il avait prise en descendant du conseil de la défense nationale. Certes, Rochefort se serait appliqué à lui-même cette terrible parole à l'aide de laquelle il avait flagellé M. de Persigny :

« Tant que l'on n'a pas Chamarande, on accepte son passé, on le renie du jour où l'on a Chamarande (1). »

Peu préparé par ses études et son existence antérieure à juger avec netteté une situation politique embrouillée, Rochefort avait eu cependant l'intuition du rôle réservé à l'assemblée de Bordeaux, lors de la publication des premiers numéros du *Mot d'Ordre* (13 février 1871).

« Il se dégage donc des élections de Paris un symp-
« tôme que notre devoir est de signaler. Ce sera aux
« représentants de Paris réunis à Bordeaux, de déci-
« der s'ils sont là pour sauver la province ou pour la
« désarmer. »

Il était difficile de mieux dire en moins de termes. Pourquoi Rochefort n'a-t-il pas eu la force de conformer strictement sa conduite à cet axiome? La faute n'en est certainement point tant à lui qu'aux patriarches de la démocratie, qui ont froidement persévéré dans des accusations calomnieuses et qui ont donné à de stupides divagations coupables l'appui de leur expérience personnelle et de leur réputation proverbiale.

Rochefort ne fut pas non plus membre de la Commune infâme, dans laquelle entrait jusqu'au chef des plieurs de son journal. Quand le titre de rédacteur ou de

(1) Nous voyons que le noble duc vient de vendre Chamarande au marquis de Lorne, gendre de la reine d'Angleterre, pour la bagatelle de six millions. Il s'agit maintenant de voir ce que l'on devient lorsque l'on n'a plus Chamarande.

gérant de la *Marseillaise* était un titre irrésistible, Rochefort était signalé comme suspect, et frappé d'ostracisme. Ceci prouve que Rochefort ne faisait point partie de la bande, quoique la bande ait été recrutée en partie dans ses entourages. Mais tout ce qui était autour de lui n'a point servi à recruter la bande, témoins Achille Dubuc et mes deux frères. Il faut être juste envers Rochefort, non-seulement par esprit d'équité, mais encore par intérêt personnel. En effet, les œuvres de Rochefort ne périront point; c'est à travers les pages fébriles de *la Lanterne*, de *la Marseillaise* et du *Mot d'Ordre*, que les générations futures jugeront notre époque. On oubliera les violences, les injustices, les incendies, les actes de vandalisme. Il restera une grande scène historique et le style inimitable avec lequel Rochefort a buriné certains tableaux impérissables. Ne soyons donc point impitoyables pour un homme qui a au moins le génie de l'expression, de la phrase, qui possède un talent si français, si national, et dont les paroles auront tant de poids sur nos propres juges.

On se tromperait bien gravement si on jugeait Rochefort comme un journaliste, tel que Carrel, Marrast ou Girardin. Car le remplissage des feuilles, si amoureusement soigné par les journalistes de premier ordre, était toujours un véritable embarras pour Rochefort. Rochefort avait trop d'esprit pour avoir besoin de s'inquiéter de guider l'esprit des autres. Sa gloire ne gagnait rien au talent d'une pléiade de collaborateurs. C'était surtout dans ses œuvres individuelles qu'il était inimitable, et qu'il n'a été imité par aucun de ses imitateurs, ni *la Cloche*, ni *le Tricolore*, ni *le Livre Noir*, ni *le Diable à quatre*, car les quatre quarts du diable n'avaient pas à eux quatre autant d'esprit que le quart de Rochefort. Les œuvres de Carrel n'ont eu aucun succès, les *Questions de mon temps* ne se rencontrent que dans bien peu de bibliothèques; on n'a pas même songé à réimprimer Marrast. Cependant rien n'égale la verve de quelques articles, la netteté de certaines vues, le soin avec lequel ont été écrits certains articles. On ne les lit pas plus que l'on ne lit les brochures les plus fameuses. La *Lanterne* se lira toujours quand elle sera accompagnée d'une glose et d'un commentaire.

Rochefort appartient à cette famille illustre des pamphlétaires dans lesquels nous rangerons Montaigne, Pascal, Courier, Cormenin, Proudhon et un petit nombre d'esprits d'élite. Cette famille si française n'est antipathique qu'aux procureurs, quels que soient ses écarts. Elle est dans notre littérature ce que les prophètes ont été dans la littérature hébraïque. Il faut lui donner le privilége de l'hyperbole, tant pis pour ceux qui sont assez aveugles pour ne pas comprendre souvent un sens caché satirique.

Tant pis pour ceux qui ne sont point touchés par le tour exquis de la phrase, par la force de l'expression, par l'art... Il y a dans le gouvernement actuel de la République trop de membres de l'Académie française pour que des injures si bien tournées n'aient pas cessé à leurs yeux d'être des injures. Mieux vaut être calomnié en termes qui vous immortalisent, que louangé d'une façon grossière qui déshonore.

Nous avons si peu de grands hommes que nous ne courrons point beaucoup de risques en accordant quelques licences aux gens que Dieu a favorisés de ce don si dangereux, si funeste, qui se nomme le génie! Ce don que Rochefort tient évidemment de naissance!

Son père fut un vaudevilliste qui ne manqua pas de talent, et lui-même débuta dans le vaudeville. C'est là qu'il apprit à tremper sa plume dans le vinaigre. Ma foi, dans ce monde où l'on est généralement si triste, je pardonne d'avance à celui qui me fait rire, fût-ce de moi-même.

Sans Rochefort, l'explosion aurait eu lieu. Les brutes farouches qu'il a flagellées comprenaient peu son sel attique ou jalousaient son talent et l'on criait tout haut : « *Le règne des gens d'esprit est passé.* » Rochefort n'avait rien à faire avec cette canaille. Mais il fallait bien qu'il allât quelque part. A Versailles on l'eût repoussé comme on le fit à Bordeaux. Si on lui eût été moins antipathique au dehors, il ne fût peut-être pas rentré *pour écrire*. Car il faut que le véritable homme de lettres écrive comme le poisson nage, comme l'oiseau vole, comme le bourgeois digère. Ecrire est un besoin quand la cervelle est en rut, quand le sang bouillonne. Ceux qui n'ont pas senti ce prurit intellectuel ne peuvent pas juger Rochefort. Que ces cuistres daignent garder en réserve, pour moi, un petit peu de la haine dont ils l'honorent.

Nous pourrons également tirer de cette étude un enseignement très-profitable, en voyant comment la passion et le défaut de logique entraînent progressivement un homme, et changent en véritables dangers publics les qualités les plus précieuses. Rochefort, dévoyé, entraîné par une série de circonstances malheureuses, sert aux artisans de guerre civile; ce n'est plus le pamphlétaire inimitable dont la verve a fait trébucher le colosse impérial.

Quelque coupables que soient certains entraînements, Rochefort pourra toujours invoquer le souvenir de sa *Lanterne* et dire un peu comme Scipion à ses accusateurs : « Romains, montons au Capitole pour rendre grâces aux Dieux, car il y a tant d'années qu'aujourd'hui j'ai sauvé la patrie. »

Ceux qui l'accusent ont trop raison, hélas! Mais ne l'ont-ils pas perdue bien des fois cette France, les uns en soutenant la candidature du général Cavaignac, les autres en défendant le plébiscite, certains en approuvant la guerre contre la Prusse, d'autres enfin en affirmant, sur leur honneur de publiciste, que le ministère Ollivier allait sauver la patrie.

Le Mot d'Ordre, du 7 mars, publie la lettre suivante adressée à M. Grévy :

Citoyen président,

Les électeurs qui nous ont confié notre mandat, nous ont nommés représentants de la France républicaine une et indivisible. Par son vote du 1er mars, l'Assemblée a livré deux de nos provinces; elle a démembré la France; elle n'est plus l'expression du pays.

Quatre généraux, en votant contre la paix, ont donné un démenti à M. Thiers qnand il prétend que la lutte est impossible.

En conséquence, notre conscience nous défend de siéger plus longtemps dans l'Assemblée, et nous vous prions de lui présenter notre démission.

Signé : ROCHEFORT, RANC, MALON, de l'*Internationale*, députés de Paris; TRIDON, député de la Côte-d'Or.

Bien différente dans la forme des lettres analogues écrites par Félix Pyat, Delescluze, etc., etc., elle ne sort point des limites de l'inviolabilité parlementaire.

Rochefort est le seul des signataires qui ne fût pas membre de la Commune. Ranc, nommé aux élections générales, donna sa démission. Mais ses deux collègues prirent séance. On les dit honnêtes l'un et l'autre. Malon est un ouvrier; Tridon, un millionnaire fanatique d'Hébert, de Chaumette, un maniaque sans talent qui a épousé Anacharsis comme d'autres se sont épris de Comte.

Pour leur malheur, Rochefort explique sa résolution par un article inséré dans *le Mot d'Ordre* du 9 mars.

LA NOUVELLE AFFAIRE MORTARA.

Nous avons passé dix ans de notre existence à nous indigner contre les prêtres qui, après avoir fait subrepticement un catholique du petit israélite Mortara, l'ont arraché violemment à sa famille et incorporé parmi les soprani de la chapelle Sixtine.

Eh bien, le crime que vient de commettre l'Assemblée siégeant à Bordeaux est identiquement le même. Les Lorrains et les Alsaciens étaient non-seulement aussi français que les autres, mais ils constituaient peut-être les meilleurs d'entre nous. Tout à coup, sans provocation aucune de leur part et sur le simple vote d'une majorité parlementaire, ils se sont trouvés prussiens, comme le petit Mortara s'est trouvé papiste.

Il est juste toutefois d'ajouter ceci à l'excuse des ravisseurs du fils de Mortara : La servante qui l'a baptisé secrètement était chrétienne, et quelque coupable qu'ait été cet acte audacieux, elle l'a commis avec une entière bonne foi. Pie IX lui-même, qui depuis quinze ans séquestre arbitrairement un citoyen, devrait être simplement condamné à dix ans de galères; mais enfin, il est possible qu'il s'imagine avoir sauvé cet enfant des flammes de l'enfer en le fourrant dans son état-major.

Notre affaire Mortara à nous est infiniment plus criminelle et plus sinistre. Ceux qu'on livre sont des Français, et ce sont également des Français qui les livrent. Que le chrétien soit ennemi du juif, c'est déjà absurde, mais on ne peut pas admettre que la France soit ennemie de la France. Les catholiques ont dit au petit faiseur de roulades de la chapelle Sixtine :

« Nous avons violé à ton égard tous les droits sacrés de la famille et de la liberté de conscience. Mais c'était dans le but de transformer un petit damné de ton espèce en vase d'élection et en ami intime de Jésus-Christ. »

L'Assemblée, elle, a dit aux Alsaciens :

« Nous avions assez des obus et des balles coniques. Nous brûlions de reprendre nos divers commerces et de voir les théâtres se rouvrir. Alors nous avons choisi un certain nombre de Français et nous en avons fait des Allemands. »

Une Assemblée, eût-elle le droit de prendre une résolution formidable, serait singulièrement coupable de ne pas la rejeter avec horreur; mais, chose innénarrable! ces hommes qui donnent leurs compatriotes comme on donne une prise de tabac, n'ont aucune qualité pour le faire. On peut tout changer, excepté l'état civil d'un individu. Dire à quelqu'un :

« Vous êtes né en France de père et de mère français, donc vous êtes Allemand ; »

Est au-dessus des forces humaines et surtout des forces parlementaires de l'Assemblée de Bordeaux.

Voilà pourquoi je me suis retiré de la Chambre, craignant de m'associer par ma seule présence à un crime qu'il n'était même pas en mon pouvoir de commettre. Quand un esclave, quelle que soit sa couleur, touche le sol de notre patrie, il est immédiatement déclaré libre. Il serait étrange que, tout en émancipant les autres, la France applique à ses enfants l'esclavage qu'elle combat partout ailleurs. J'ai quitté la Chambre, parce qu'un pays qui lutte depuis tant d'années contre la traite des nègres, ne peut valablement permettre la traite des blancs.

Un homme a toujours le droit de changer de patrie. Si un particulier venait m'annoncer que son intention est de se faire prussien, je ne lui ferais pas mon compliment d'aimer mieux devenir le compatriote de von Moltke que de rester celui de Barbès, de Louis Blanc et de Gambetta, mais je ne l'empêcherais pas de suivre son idée.

En revanche, je considère qu'il m'est interdit par

toutes les lois faites et surtout à faire, de naturaliser des gens malgré eux.

Quand la dot aurait été versée, et même mangée, quand le trousseau serait ourlé jusqu'au dernier mouchoir et marqué au chiffre des époux, quand tous les parents seraient arrivés de province avec des cachemires français achetés pour la circonstance, si, devant le maire chargé de sanctionner son union, la future répond :

« Non »

A la question sacramentelle, rien sur la terre et sur l'onde, ni les évanouissements de la maman, ni les menaces du papa, ne feront que le mariage soit conclu tant que la jeune fille persistera dans son dire.

L'annexion de cinq cent mille Français est, si je ne me trompe, autrement important qu'un mariage, mais il y a entre les deux actes une certaine similitude.

Or, si l'Assemblée nationale avait demandé à l'Alsace et à la Lorraine, dans les personnes de leurs représentants :

« Consentez-vous à prendre pour souverain légitime Guillaume Ier, empereur d'Allemagne ? »

Il n'est pas douteux qu'elle n'eût répondu, elle aussi, par un « non » éclatant à cette question saugrenue.

C'est même parce que les hommes de la capitulation étaient parfaitement sûrs de la réponse qu'ils se sont bien gardés de faire la demande.

Rochefort se trompe, car les populations de l'Alsace-Lorraine ont été consultées *implicitement*, puisqu'elles ont nommés des représentants qui ont tous votés contre l'annexion à la Prusse. Elles ont été consultées comme l'ont été les populations du Danemark. Le vote des *quatre généraux*, sur lequel Rochefort commet la faute d'appuyer son argumentation, ne peut être considéré que comme une protestation du même genre *telum imbelle*. C'est un appel à l'avenir, infaillible, inéluctable, quand nous serons devenus Français, ce que nous avions en quelque sorte cessé d'être sous l'Empire. Mais en même temps c'est une mauvaise action et une maladresse indigne, car les agitateurs visqueux, les gardes nationaux de rencontre s'en sont emparés avec autant de bonne foi qu'ils se mettaient un képi sur la tête. Depuis Sedan on ne combattait plus que pour sauver l'honneur et pour donner à l'étranger le temps de venir à notre aide. Il était démontré que les nations assisteraient d'un œil impassible à nos désastres. Avions-nous assez chèrement payé le rachat des hontes impériales? Fallait-il lutter encore? La France, consultée, venait de se prononcer pour la négative. Voilà la question qui avait été posée à la France, et la France avait répondu : *Non, non, pas comme Juarez; faites la paix sans retard.*

Nous étions dans la position d'un homme à qui un chirurgien propose de se laisser couper une jambe et qui refuserait sous prétexte qu'il n'a pas le droit de disposer d'une partie de son corps.

Le sentiment qui a dicté l'article est noble... mais une nécessité terrible rendait tous les raisonnements inutiles. Les douleurs de la situation furent comprises par Rochefort, qui tomba dangeureusement malade. Le bruit de sa mort se répandit. Personne ne s'en étonna, car chacun sait combien sa santé est délicate, combien les émotions sont funestes à sa nature vive, impressionnable. Mourot, averti par un ancien rédacteur du *Petit-Journal*, qui se trouvait à Bordeaux, alla trouver Rochefort et le ramena à Paris. Mourot certainement croyait bien faire ! L'article de rentrée porte les traces de la maladie qui priva Rochefort des moyens de suivre le développement de la crise. « Quand on a entrevu les rives du Cocyte; » voilà comment il commence.

Ce n'était point avec ce style mythologique que l'on pouvait remuer les bataillons de la Villette !

Lorsque Rochefort reprit la plume, les grands événements s'étaient accomplis. Les généraux Clément Thomas et Lecomte avaient été assassinés. L'horrible compromis des maires avait livré Paris, les élections de la Commune avaient eu lieu. Des observateurs superficiels pouvaient croire à l'existence d'un gouvernement régulier à Paris. De plus habiles que Rochefort s'y sont trompés sans avoir la tête sur l'oreiller. Rochefort avait disparu momentanément de la scène politique, au milieu d'un conflit terrible entre le fait et le droit. La fatalité voulait qu'il se réveillât au milieu d'un autre conflit plus terrible encore.

ALLEZ-VOUS-EN.

Quand on a entrevu les rives du Cocyte et failli passer le Phlégéton, on revient de ces sombres bords, sinon avec une lucidité à toute épreuve, au moins avec une impartialité sans mélange.

Du plus profond de mon oreiller, j'ai vu se dérouler devant moi le tableau des dangers de ma patrie, que les tristes sires réfugiés à Versailles m'ont accusé de vouloir livrer au pillage, et, de tous les événements qui nous envahissent, j'ai tiré cette conclusion : Il faut que ces gens-là s'en aillent.

M. Thiers, c'est fini. M. Jules Favre, en voilà assez. M. Picard, vous n'y êtes plus. Il nous faut d'autres hommes que vous et d'autres théories que les vôtres. Si vous voulez réellement l'établissement de la République, ce que j'ignore, vous n'êtes de force ni à la maintenir ni à la défendre. Si vous voulez la restauration d'une monarchie, ce que je n'oserais affirmer, vous n'avez ni le courage, ni l'intelligence nécessaires pour mener à bonne fin cette opération ardue. Il est possible que l'auteur du *Consulat et de l'Empire* — de l'Empire surtout — ait été un grand homme d'État en 1833. Colin-d'Harleville était bien un grand poëte en 1826. Aujourd'hui M. Thiers est un Colin-d'Harleville politique. Nous ne demandons pas sa tête, parce que nous ne saurions réellement sur quelle cheminée la poser, mais nous l'invitons formellement à songer qu'il a soixante-quinze ans, et que l'heure est venue pour lui de se retirer dans ses terres.

Quelle garantie pour une République qu'un gouvernement dont le premier exploit est de supprimer six journaux républicains! Il est vrai que le commissaire de police chargé de l'exécution était précisément un Vinoy qui n'a jamais représenté aux yeux de la France que la fuite et la capitulation. Je ne veux apporter ici aucun esprit de personnalité, mais n'est-ce pas à mourir de rire que moi, qui n'ai cessé de travailler sous l'Empire à amener cette chère République à laquelle nous aspirions tous, je me voie jugé et dénoncé comme prêchant le pillage et la guerre civile, par qui? par un ancien salarié sur la caisse du Sénat. Ce n'est pas moi qui prêchais le pillage, déplorable Vinoy, c'est vous qui le pratiquiez, puisque vous touchiez trente mille francs par an pour sanctionner par vos votes les escroqueries de Bonaparte.

Quand on porte cette marque sur l'épaule, général de l'épée dans les reins, on se tient à distance respectueuse des honnêtes gens, mais on ne les apprécie pas comme vous avez eu l'impudence de le faire. Ce n'est pas vous, c'est nous qui aurions le droit de suspendre pour trois mois, si le mépris public ne s'était, heureusement, chargé de vous supprimer pour toujours.

Quant aux hommes politiques qui, au besoin de fraternité et de fusion dont Paris était animé, n'ont su opposer qu'un prévôt de la maréchaussée, des menaces et des nominations de préfets réactionnaires, leur mission ici-bas est bien réellement terminée, Ce n'est pas avec les armes de l'Empire, c'est-à-dire les confiscations et les charges de cavalerie qu'on gouverne les Républiques. Le peuple avait des canons, votre devoir était de les lui laisser. Il possédait des journaux, vous n'aviez pas qualité pour les lui prendre.

Je veux pouvoir écrire que M. Thiers est un gouvernant de Sainte-Périne, que M. Picard est un bonapartiste mal déguisé, et que M. Lambrecht n'est rien du tout. Vos provocations ont justifié toutes les violences, et les Comités centraux sur l'établissement desquels vous gémissez sous la protection des baïonnettes versaillaises, c'est vous-mêmes, ce sont vos intolérances et vos usurpations de pouvoir qui les ont installés à l'hôtel de ville de Paris.

Allez-vous-en donc, et que l'Assemblée vous suive, puisqu'elle vous a accompagnés jusqu'ici dans vos différentes cachettes comme la noce du *Chapeau de paille d'Italie* courant après le héros de la pièce. Elle avait été nommée pour signer la paix; elle a, il me semble, accompli consciencieusement ce travail; il est impossible, en effet, d'en accepter une plus ignominieuse.

Il restait à cette chambre un moyen de réhabilitation, c'était de se transporter à Paris et d'y faire tête à ce qu'elle appelle l'émeute. Elle a mieux aimé de beaucoup se calfeutrer à Versailles et insulter de loin ce Paris qu'elle n'ose affronter de près. C'est son affaire, mais ce n'est pas la nôtre. Qu'elle se retire dans ses foyers; sa besogne est faite. Elle n'aura pas été brillante, mais au moins elle aura été courte.

Quant à nous, amis sérieux d'une République sérieuse,

serrons-nous autour de tous les élus de Paris. Commençons par les élections municipales demandées par toute la France, et que des élections générales suivront de près. Nous n'aurons besoin, pour payer les cinq milliards promis à l'ennemi et nous débarrasser au plus tôt de la vermine prussienne, ni des génuflexions de M. Jules Favre, ni de la haute protection du duc d'Aumale. Nous avons cent moyens de satisfaire l'avidité impériale de Guillaume Ier. Et quand nous devrions porter sur les biens du clergé et les trésors des congrégations religieuses une main sacrilége, j'avoue que je n'hésiterais pas pour ma part à autoriser la vente au profit de la nation des quatre milliards et quelques millions de propriétés que possèdent nos bons moines et nos excellents frères jésuites.

Ce serait évidemment fête dans le ciel, le jour où Dieu le père apprendrait que la France, cette fille aînée de l'Eglise, s'est débarrassée, au prix de quelques réquisitions opérées dans les lieux saints, des mécréants allemands qui menaçaient de propager parmi nous les détestables doctrines de Luther. J'ai même quelque peine à me figurer la joie de la Sainte-Vierge quand elle saurait qu'on a purgé le territoire du protestantisme, grâce à la vente publique des innombrables chapelles qu'on bâtit continuellement en l'honneur de la mère de Dieu.

Que MM. Picard, Favre et Vinoy soient donc sans inquiétude sur les difficultés que nous aurons à purger le sol français de ces Prussiens qu'ils ont si mal combattus. Une fois délivrés de M. Thiers, nous saurons bien nous tirer des griffes de M. de Bismarck. Rien ne retient donc plus nos gouvernants au poste périlleux auquel ils se cramponnent, Le seul moyen qui leur reste désormais d'arranger nos affaires, c'est de nous les laisser faire nous-mêmes.

HENRI ROCHEFORT.

Ce n'était pas *allez-vous-en*, c'était *venez donc* qu'il fallait dire, Rochefort, parisien jusqu'au bout des ongles, ne peut pardonner aux ruraux d'avoir choisi une ville de province pour y établir leur boutique législative. Il est l'organe du sentiment parisien froissé d'une façon très-légitime par la désertion des *ruraux*.

Le gouvernement a reproché durement à la garde nationale sa lâcheté, mais il fallait plus que du patriotisme pour descendre au rappel afin de soutenir un gouvernement de province! blâmer Paris au moment où il venait de donner un spectable sublime; priver la République constitutionnelle de son appui légitime.

Est-ce que l'insurrection de juin 1848 n'aurait pas triomphé si l'assemblée eût été en province! Est-ce qu'une assemblée républicaine a quelque chose à craindre quand elle fait appel au devoir républicain. Les bataillons qui s'étaient groupés autour de Saisset auraient pu triompher de la Commune quelques jours après le crime, s'ils eussent été bien dirigés... Groupés autour de l'assemblée présente à Paris, ils eussent été invulnérables, et depuis longtemps déjà tout le comité central aurait été envoyé aux galères.

La partie incisive et décisive de cet article est la protestation *posthume* contre le décret de suppression du *Mot d'Ordre* et des cinq autres journaux dont le général Vinoy fit une hécatombe au commencement de l'affaire des canons de Montmartre.

Nous verrons que Rochefort revint à plusieurs reprises avec insistance sur ce décret. On ne peut lui donner tort, car sans liberté de la presse il n'y a non-seulement plus de république, mais même de gouvernemeut régulier. La liberté de la presse est la soupape de sûreté d'un gouvernement régulier. La presse n'est pas libre tant qu'un journal n'a pas le droit de dire au gouvernement *allez-*

vous-en. Mais Rochefort était bien loin d'avoir trouvé à Paris la liberté de la presse; combien il était loin de pouvoir traiter le moindre membre du comité central comme il eût traité Jules Favre et Picard et Lambrecht s'il avait écrit dans le *Gaulois* ou même dans la *Liberté*. Car la note suivante, qui lui fait beaucoup d'honneur, quoiqu'elle ne porte point sa signature, est environnée de singulières précautions oratoires.

Nous lisons attentivement les proclamations signées et les articles rédigés par la Commune, et nous sommes obligé de reconnaître que jamais depuis six mois le *Journal officiel* ne nous a paru aussi bien fait.

Ceci étant constaté, et résolu comme nous le sommes à soutenir les droits du peuple, nous tenons avant tout à ne pas nous engager à la légère, c'est-à-dire que nous avons droit à des explications, et que nous en demandons.

Nos élus de Paris ont décrété l'abolition de la conscription. Jamais mesure ne fut plus opportune et plus démocratique, et nous la réclamons depuis assez longtemps pour qu'on ne nous soupçonne pas de vouloir la contrecarrer. Mais si elle est nécessaire, il faut bien avouer qu'elle est purement politique et qu'elle s'écarte absolument de l'administration communale de la ville de Paris.

L'abolition de la conscription est au premier chef un un acte gouvernemental. La Commune, en l'accomplissant, a-t-elle entendu déclarer qu'elle représentait non-seulement l'administration de la capitale, mais encore le gouvernement du pays? Remarquez que nous ne nous y opposons pas, nous tiendrions seulement à le savoir, et nous attendons à ce sujet les explications du *Journal officiel*.

Rochefort se rattachait par cette note aux modérés du Comité central qui voulaient réduire la pseudo-révolution du 18 mars aux bornes d'une révolution municipale. Ce n'est pas la seule fois qu'il a eu le bonheur de rappeler les membres du Comité central au respect des principes de leur belle insurrection du 18 mars. Étant donné le crime auquel il ne paraît point avoir participé, Rochefort cherche à en restreindre la portée, il cherche à faire la part du feu révolutionnaire.

Il y avait évidemment mieux à faire, mais on a laissé les membres du Comité de conciliation outrager le bon sens public en présentant leur candidature.....

On a bien fait puisqu'il y a eu ordonnance de *non-lieu*, on ne peut poursuivre un auteur de talent parce qu'il a employé son génie à une œuvre recommandée impunément par de plats rimailleurs, par de flasques journalistes millionnaires, par des avocats sans cause.

Logiquement, réellement, Rochefort a été le défenseur du comité de conciliation. C'est le seul qui ait montré du courage, de l'audace même, incontestablement du talent. Peut-être est-ce le seul qui ait eu de la bonne foi, et ce serait le seul qu'on enverrait à Noukahiva ou chez les anthropophages.

Rendez Rochefort, et vous pourrez prendre tous les Bonvalet du monde.

Le lendemain, dans le numéro du 2 avril, Rochefort complète son article du 1er, et sa protestation du même jour, par une nouvelle protestation plus énergique.

LES CONFISCATIONS.

Aux suppressions de journaux républicains, ordonnées par le gouvernement de Versailles, la Commune, qui est le gouvernement de Paris, répond par des suppressions de journaux réactionnaires. Cet abattage peut durer longtemps, mais à coup sûr il ne profitera à personne. Quand l'agent de police Vinoy a suspendu six feuilles politiques, le *Figaro* a poussé des cris de joie, précisément parce que le *Figaro* est un journal sans principes. Le supprimer violemment aujourd'hui, c'est presque lui donner raison pour son attitude d'hier.

L'écueil de tous les gouvernements est de se déclarer pour la liberté absolue de la presse, tout en se réservant le droit de sévir contre les journalistes qui les attaquent. Accepter l'appui des journaux qui vous défendent et briser les presses de ceux qui vous malmènent, c'est se faire réellement la partie trop belle.

Quand un gouvernement ne souffre pas qu'on le discute, il devient très-difficile de le soutenir, car le public ne sait plus si l'éloge qu'on en fait est le résultat de la sympathie ou de la peur, et le pouvoir qu'on acclame perd ainsi tout le bénéfice des bonnes volontés qu'il rencontre.

Nous conseillons à la Commune d'y prendre garde : elle peut choisir de la liberté ou de la terreur, mais elle ne peut arborer à la fois l'une et l'autre.

HENRI ROCHEFORT.

Les journaux supprimés sont : les *Débats*, le *Paris-Journal* et le *Constitutionnel*. Le *Paris-Journal*, dirigé par M. Schwerb, avait courageusement dévoilé les mystères du Comité central et de la Commune.

En même temps il insère un entrefilet ainsi conçu :

Il est probable que d'ici à deux ou trois jours les séances de la Commune seront publiques.

Le trait a porté et des comptes rendus analytiques sont bientôt insérés à l'*Officiel*.

C'était rendre un grand service au public, à l'histoire

même, et cet entrefilet excita dans le sein de la Commune une violente colère, car les malheureux devaient suer sang et eau pour arriver à tirer de ce tohu-bohu de colères criardes quelque chose qui ressemblât à une séance à peu près présentable.

Ce numéro du 2 avril portait en tête l'article suivant, écrit avec une verve remarquable, mais évidemment Rochefort commence par tourner en ridicule ses propres lecteurs :

LES INSURGÉS DE VERSAILLES.

Nous connaissons des journaux tellement réactionnaires, qu'ils voudraient replacer à la fois sur le trône Napoléon III, le comte de Paris et le comte de Chambord. Eh bien! ces journaux, qui préféreraient à la République trois têtes dans une même couronne, viennent de publier avec une simultanéité remarquable la note suivante :

« M. de Bismarck a déclaré à M. Thiers qu'il lui donnerait toute facilité pour le paiement de l'indemnité de guerre, ainsi que pour la répression de l'émeute qui a éclaté à Paris. »

Cet avis au public, rapproché de l'agglomération de troupes dirigées sur Versailles des pays les plus lointains, donne à penser aux âmes sensibles que le gouvernement de Seine-et-Oise nourrirait le projet nocturne de faire marcher contre la capitale les troupes et les gardes nationales des départements.

La « toute facilité » laissée par M. de Bismarck indiquerait, en outre, que non-seulement l'armée prussienne ouvrirait volontiers ses rangs pour laisser passé le défilé, mais qu'au besoin elle appuierait le mouvement de quelques batteries Krupp et de plusieurs régiments de la garde royale.

Ainsi, Liberté sainte! voilà où peuvent conduire les fureurs réactionnaires. Il nous sera donc donné de voir M. Thiers en colonel de cuirassiers blancs, demandant à M. de Moltke des renseignements sur la façon la plus rapide d'affamer et de réduire Paris. L'assemblée et ceux qui la mènent devenant Prussiens, après s'être montrés si peu Français, ce serait l'*ut* dièze de l'opéra tragicomique que les députés de province jouent à Versailles; M. Thiers confiant son aile droite au prince Frédéric-Charles et son aile gauche à notre Fritz pour écraser « en toute facilité » les Parisiens! Jamais Louis XVIII n'a rien rêvé de plus triomphal.

Quant à nous, faut-il l'avouer à nos lecteurs? nous n'osons pas espérer un pareil succès pour la République. Cette résolution de la part de nos pseudo-gouvernants les tuerait plus sûrement dans l'esprit public que tous les décrets de déchéance que nous pourrions rendre contre eux. Si le chef de ce pouvoir exécutif qui se trouve n'avoir plus rien à exécuter veut assister à une belle séance de fraternisation, il n'a en effet qu'à lancer sur Paris les troupes actuellement rassemblées à Versailles. Il verra, derrière ses lunettes, comment trois cent mille Français se jettent dans les bras les uns des autres, et nul doute qu'il n'exprime sa surprise à son ami Manteuffel en assistant au spectacle nouveau de mitrailleuses allant se ranger d'elles-mêmes du côté de ceux contre lesquels elles étaient pointées.

Tels seraient inévitablement, mon pauvre vieux, les résultats de tes manifestations belliqueuses et de tes tentatives de guerre civile. Mais si, par malheur, tu mettais la main sur des soldats assez dociles ou assez égarés pour t'obéir, sache bien ceci, petit vieillard, et garde-toi de l'oublier : Paris, redevenu imprenable comme au moment du siége, fabriquerait de nouveau contre toi tous les engins mortifères qui auraient accueilli les Prussiens si ceux-ci avaient osé l'attaquer de vive force.

Une Commission des barricades, que j'avais l'honneur de présider, avait construit à nos portes des redoutes destinées à recevoir l'ennemi. Cette même Commission avait reçu livraison de trente mille bombes Orsini pour défendre nos institutions, et au besoin pour les combattre, comme dit Joseph Prud'homme.

Eh bien ! elle se reconstituerait au premier signal, relèverait en un clin d'œil les palissades et les blockaus démolis par la capitulation, et tu serais mort de vieillesse avant d'avoir pu seulement poser un pied de l'autre côté de notre enceinte !

HENRI-ROCHEFORT.

La vieillesse de M. Thiers est un argument que Rochefort emploie étourdiment, car dans toutes les républiques, prétendant à durer, on honore l'expérience des vieillards. Il en était ainsi à Athènes et à Rome... Sous l'Empire nous avons eu le parti des jeunes, qui nous a donné Floquet et Duvernois. J'aime encore mieux le parti des vieux donnant Jules Favre et Thiers.

Le successeur de Rochefort à la commission des barricades, dont l'ex-membre du gouvernement de la défense parle avec une complaisance visible, devait être, ô châtiment, le citoyen Gaillard, cordonnier nasillard, orateur diffus, écrivain approximatif.

Mais pour juger Rochefort avec impartialité, il faudrait comparer son journal au *Père Duchesne* et autres feuilles analogues qui donnaient véritablement au peuple des conseils écoutés, et dont l'horrible violence était réellement en harmonie avec les sauvages préoccupations du moment. Même au milieu de ses plus grands écarts Rochefort conservait un certain atticisme. Il cherchait à élever le peuple jusqu'à l'intelligence de son style, au lieu de chercher à l'abaisser en le saupoudrant de grossiers jurons.

Rochefort écrit évidemment sous l'impression des fausses nouvelles dont l'*Officiel* est farci. L'*Officiel* avait annoncé la suppression du *Radical de Seine-et-Oise*, à laquelle il fait allusion un peu plus haut. Il fallait bien prouver aux dupes que c'était Versailles qui commençait. La Commune, dont la servilité pour les Prussiens était extrême, cherchait à persuader aux fédérés que le gouvernement de Versailles était au mieux avec les Allemands.

Rochefort se fait l'écho d'un bruit publiquement répandu à Paris, et auquel les négociations obligées pour obtenir l'autorisation de laisser passer les soldats et de différer le paiement de l'indemnité donnait, il faut bien le dire, quelque apparence de réalité. Des hommes d'Etat incontestablement dévoués à M. Thiers s'y sont laissé prendre. Ils citent encore même aujourd'hui ces actes de *complaisance* comme des preuves que la Prusse n'était point de connivance avec une certaine fraction de la Commune, Ils oublient que la Prusse ne pouvait se refuser à donner *ces facilités* sans jeter le masque et recommencer la guerre. S'ils sont excusables d'avoir commis cette erreur, Rochefort l'était bien plus au moment où il écrivait au milieu d'influences néfastes, perverses.

Malheureusement pour Rochefort la France parcourait une phase horrible de son histoire, phase dans laquelle il fallait la froide raison de vieillards ayant un pied dans la tombe, plutôt que l'enthousiasme de modernes Camille Desmoulins !

Dans le numéro suivant 3 avril, Rochefort accentue son opposition. Il dirige sa plume contre le « *Comité central,* » ce pouvoir occulte qui n'a cessé de dominer la Commune, et qui ayant commis le crime domine la Commune de toute la hauteur de sa culpabilité. Rochefort se prosterne devant le Comité central, mais comme Jacques

Clément se prosternait devant le monarque qu'il voulait poignarder.

LA COMMUNE ET LE COMITÉ.

Nous apprenons que d'assez graves difficultés surgissent entre la Commune et le Comité central.

Celui-ci, quoi qu'ayant remis officiellement ses pouvoirs entre les mains de la municipalité, prétend se constituer en Conseil de famille de la garde nationale et continuer à lui imprimer une direction politique. Or, la garde nationale étant à cette heure la seule armée organisée et reconnue, tenir la garde nationale sous sa direction, c'est en réalité posséder le commandement général de toutes nos forces militaires, ce qui en d'autres termes signifie que si les actes de la Commune ne répondent pas aux espérances du Comité, celui-ci se réserve le droit de lui demander des explications... armées.

Nous le déclarons sans aucune arrière-pensée : l'attitude du Comité central nous a paru jusqu'à présent à la fois pleine de modération et de crânerie. Au moment où les misérables guignols accumulés à Versailles mettaient la République hors la loi, un groupe d'hommes d'autant plus méritants qu'ils étaient plus inconnus a pris courageusement en mains la situation qui s'émiettait, en déclarant que puisque les députés de Paris et les maires ne relevaient pas le défi jeté à la capitale par les élus de Sainte-Menehould et autres lieux, c'étaient eux, simples citoyens, simples passants si vous voulez, qui assumeraient la responsabilité périlleuse de disputer cette même République aux Ducrot, aux Vinoy et autres bouledogues décidés à la dévorer.

Ce serait, à notre sens, manquer de justice, que de ne

pas rendre hommage à cette initiative audacieuse, peut-être, mais à coup sûr éminemment patriotique, et le jour où le Comité central s'est respectueusement retiré devant la Commune, il a été complet.

Entendons-nous, cependant : le rôle des membres du Comité n'est véritablement digne qu'à la condition qu'ils l'auront joué en toute sincérité. La Commune de Paris a été aussi librement élue qu'une assemblée peut l'être : c'est-à-dire sans candidatures officielles et sans pression administrative d'aucune sorte. Le devoir du Comité est de s'incliner devant la volonté populaire, et de rentrer obscurément dans ses foyers. Son dévouement n'en sera que plus apprécié.

Le pouvoir, qu'il a momentanément saisi parce qu'il flottait sans commandement et sans unité, ne serait plus qu'une usurpation s'il persistait à en revendiquer aujourd'hui la moindre parcelle.

Actuellement, l'existence du Comité ne peut plus être qu'une menace, et nous ne serions guère d'humeur à supporter de nouveaux coups d'Etat. Nous savons trop ce que nous ont coûté les autres !

HENRI ROCHEFORT.

Les paroles de Rochefort furent inutiles, le Comité central s'évanouit dans les dernières convulsions de la Commune. Les deux associations scélérates périrent ensemble.

C'est dans le sein du Comité que la conspiration infâme s'est élaborée. C'est là que la Prusse et Bonaparte ont le plus d'agents. Rochefort demande que ce comité disparaisse... Cela prouve que Rochefort ne comprend rien à une situation qui le surpasse et le dépasse. Le Comité est à la Commune ce que la Prusse et Bonaparte sont au Comité.

Rochefort, qui veut de la liberté de la presse, ne veut pas de la dictature militaire. En supprimant le ***Mot d'Ordre,*** Vinoy l'a brouillé avec tous les généraux présents, passés et futurs.

Pas de général en chef.

Voilà le titre que nous mettrons à l'article suivant qui n'en a pas et qui ne pouvait en avoir. Déjà Rochefort combat la dictature... sans se douter, hélas! que cette dictature va se corser à mesure que la crise se développe, que les situations s'accusent. Il oublie qu'un des prétextes mis en avant par les factieux était de conquérir à la garde nationale le droit de nommer son général, et que c'est la seule chose que la Commune refusa obstinément de faire. Tout fut essayé, excepté le vote des bataillons.

Un grand nombre de citoyens semblent désirer que le général en chef de la garde nationale soit nommé à l'élection par les gardes nationaux eux-mêmes. Nous n'avons pas besoin de déclarer qu'en principe ce système a notre complète approbation : toutefois, le passé nous a prouvé que quand il s'agit de généralat, les théories les plus rationnelles sont d'ordinaire les moins efficaces.

En effet, la Commune de Paris n'a jamais songé à invoquer pour la protéger et pour la défendre, d'autre force que la garde nationale qui, après avoir élu sa municipalité, veille naturellement sur elle. Il résulte de cet état de choses, que le général en chef de la garde nationale de Paris résume en lui le pouvoir le plus étendu qui puisse être confié à un homme : car s'il peut se faire obéir par deux cent mille citoyens comme protecteur du gouvernement, qui nous garantit qu'il ne prendra pas un jour assez d'influence sur ses troupes pour les entraîner dans un mouvement hostile?

Tout sabre est un danger, toute épaulette une menace. Nous n'avons jamais été, en temps de révolution, très-fanatiques des généraux. Mais dans la situation, nous ne serions pas éloignés de répudier complétement ce titre si périlleux pour la liberté.

Que la Commune y songe. C'est elle surtout qui a tout à craindre d'un général de la garde nationale, à moins cependant qu'elle ne le choisisse elle-même, ce qui ne serait pas encore une garantie.

HENRI ROCHEFORT.

Rochefort connaît Cluseret. Il ne veut pas que la Commune soit sauvée par un émule de Bonaparte, qui aurait ses Saint-Arnault et ses Morny. C'est à la suite d'un article de Cluseret, inséré par Pascal Grousset dans *la Marseillaise,* que Rochefort, alors membre du gouvernement de la défense, a supprimé ce journal.

Le lendemain, dans le *Mot d'Ordre* du 4 avril, Rochefort accentue son opposition au Comité central. L'article n'est pas signé. Mais Rochefort y a évidemment touché. Cet article est trop important pour que nous ne le donnions point *in extenso;* car il montrera que, dès l'origine, Rochefort résiste au courant qui, petit à petit, le gagne, l'entraîne. C'est le rameur qui ne peut pas remonter le fil de l'eau, mais *que diable allait-il faire dans ce fleuve?*

L'AVENIR DU COMITÉ CENTRAL.

« Les obscurs d'hier deviendront les obscurs de demain. » Le sentiment désintéressé qui inspira ces paroles, affichées, il y a quelques jours, sur les murs de Paris, fut accueilli avec une admiration sincère et FIT TOMBER BIEN DES SOUPÇONS.

Certes, chacun, adversaire ou ami, rend justice aux membres du Comité central et si un petit nombre d'entre eux seulement a pu être appelé à la Commune, tous, du moins, ont reçu de la représentation de l'hôtel de ville une compensation éclatante dans cette déclaration : que « le Comité central a bien mérité de la patrie et de la République. »

L'œuvre du Comité est-elle aujourd'hui terminée? Non, certes. Il ne lui suffit pas de s'être fait l'organe des revendications populaires, en proclamant notre résolution communale. Il lui faut assurer son triomphe.

Pour cela que doit-il faire? Paris a nommé sa Commune; il a investi d'un mandat révolutionnaire les hommes qui lui ont paru les plus dignes de sa confiance. Les membres du Comité ont pu eux-mêmes se soumettre à cette élection. A cette assemblée appartient aujourd'hui la direction; les circonstances, en la séparant de Versailles, ont étendu sa souveraineté au-delà des limites d'un pouvoir municipal; la force des choses et le consentement tacite des électeurs l'ont armé de pleins pouvoirs.

Pour accomplir son mandat, cette assemblée doit être libre, absolument libre. Toute trace d'un pouvoir qui, dans une limite même étroite, s'établirait parallèlement à elle l'entraverait dans sa marche. À plus forte raison si ce pouvoir avait un caractère militaire.

Un pouvoir militaire qui siégerait à côté de l'Assemblée, et n'en prendrait pas docilement les ordres, serait pour elle un danger, je dis plus, une atteinte portée à sa dignité et à son indépendance. Ce serait le retour à un état de choses que nous avons pensé détruire.

Le premier devoir du Comité, après qu'il a déclaré

déposer ses pouvoirs, est de les déposer réellement. Il en a donné sa parole et personne ne la met en doute.

Il doit mettre ses soins à préciser le vrai caractère qu'il doit avoir désormais, et à déterminer ses attributions.

C'est déjà fort peu démocratique d'avoir un général de la garde nationale. On a probablement cru l'être davantage en en nommant trois. Il n'y avait plus de raison pour qu'on s'arrêtât. Chaque jour en vit naître une demi-douzaine en plus à l'horizon. Il est fâcheux que de braves patriotes aient cru utile de rehausser leur dévouement à l'aide d'un décuple rang de galons.

Le sublime est bien près du ridicule, et, en marchant dans une telle voie, on arriverait fatalement, en passant par les généraux Assi et Flourens, au général Boum.

Pour fonder notre œuvre, il importe que les mesquines vanités s'effacent.

Nous sortons à peine du règne du militarisme; ce n'est point pour y rentrer.

Que toutes les ambitions vulgaires, les prétentions personnelles disparaissent devant la grande idée de la Révolution.

Place au Travail! Place à la Commune!

Cette protestation était d'autant plus dangereuse que la Commune de Paris avait couvert les murs d'affiches annonçant que Versailles a *attaqué*, qu'une pension de jeunes filles sortant de l'église de Neuilly a été *littéralement* hachée par la mitraille de MM. Favre et Trochu. La publication de cette protestation excuse jusqu'à un certain point l'exagération de la petite philippique suivante. Elle serait au dernier point criminelle, si M. Thiers n'était à Versailles. Mais il n'y a pas grand mal *à parler des absents* quand cela peut permettre de faire quelque bien à ceux qui se trouvent dans les griffes communardes.

Le compère Thiers, le complice de toutes les turpitudes monarchiques qui s'élaborent depuis quarante ans, rêvait de devenir assassin sur ses vieux jours. La République vient de lui en fournir l'occasion. Des propriétés ont été effondrées, des enfants ont été éventrés par ses obus.

Il est bien entendu que depuis le premier coup de canon tiré contre Paris, ce scélérat est hors la loi. Mais il faut qu'il apprenne aussi, le misérable, qu'on n'égorge pas aussi facilement les habitants d'une ville que ceux d'une maison de la rue Transnonain.

HENRI ROCHEFORT.

On sait que le 88me, le régiment de la crosse en l'air, était précisément celui qui avait donné dans l'affaire de la rue Transnonain. Ce souvenir a été exploité par les insurgés dans la fatale journée du 18 mars. On a fait comprendre aux soldats la nécessité de se réhabiliter. Quelle réhabilitation, hélas !

L'article suivant se trouve en tête du même numéro :

LE RÉTABLISSEMENT DE L'ORDRE.

Je lis dans maint journal que l'ordre est, heureusement, rétabli à Toulouse, à Lyon, à Perpignan, au Creuzot, et je me demande pourquoi l'ordre est plus rétabli quand c'est M. de Kératry qui dépossède M. Duportal que quand M. Duportal dépossède M. de Kératry. Il est convenu, arrêté et paraphé que « ordre » signifie le triomphe du citoyen Thiers et « désordre » victoire du citoyen

Ranvier. Le gouvernement de Versailles retournerait comme un gant la société française et déchirerait en trois cents morceaux le pacte fondamental qu'il n'en serait pas moins le représentant breveté de ce qu'on a l'habitude d'appeler « l'ordre. » En revanche, l'établissement de la Commune amènerait à tout jamais le calme dans la cité et fonderait la paix universelle, qu'on lirait de plus en plus dans l'*Officiel* de Seine-et-Oise :

« Les hommes de désordre continuent à faire jouir la capitale de la tranquillité la plus parfaite. »

Nous en demandons pardon aux journaux précités, mais avant qu'ils nous apprissent qu'il était rétabli, l'ordre régnait à Toulouse, à Lyon et au Creuzot; seulement, il y régnait sans M. Thiers, sans M. Picard et sans M. Vinoy. Votre ordre à vous est d'une certaine nature, et le nôtre est heureusement d'une espèce toute différente. Voilà tout.

Nous n'aurions pas, en effet, grands efforts à faire pour prouver que depuis sa réapparition sur la scène politique, M. Thiers et les hommes qui l'entourent ont été le désordre incarné : l'ordre le plus absolu ne dominait-il pas dans Paris au 30 octobre dernier, quand le chef actuel du pouvoir exécutif est allé transmettre aux Prussiens une proposition d'armistice qui a non-seulement contribué à la révolution du 31, mais qui a fait perdre à la défense dix longs jours qu'elle n'a jamais retrouvés depuis?

Le sieur Ducrot ou le sieur Vinoy, je ne sais plus au juste lequel, n'ont-ils pas concouru à leur tour au désordre de cette même journée du 31, en se faisant culbuter des hauteurs du Bourget comme des capucins de cartes.

Nous sommes en République. Est-ce, oui ou non, pousser au désordre que de choisir, pour lui confier le pouvoir suprême, comme l'a fait l'Assemblée de Bordeaux, l'ancien ministre d'une monarchie dont les héritiers se fourrent aujourd'hui dans nos jambes?

Laisser le prince de Joinville d'une part, et M. Clément Duvernois, de l'autre, se promener paisiblement dans les avenues de Versailles, quand les républicains comme Blanquï, Flourens et d'autres sont condamnés à mort, c'est donc faire de l'ordre cela?

Paris n'avait jamais cessé, même aux époques que vous vous plaisez à intituler les plus mauvais jours de notre histoire, d'être le siége de la représentation nationale. L'ordre voulait que les récents élus de la France s'installassent au poste qui depuis quatre-vingts ans n'avait jamais été déserté. Ils sont allés à la fois honteusement et révolutionnairement se réfugier à cinq lieues d'un danger imaginaire.

Les services administratifs continuaient à fonctionner à Paris; voilà que les ministres départementaux menacent les employés de destitution s'ils ne viennent pas les rejoindre à Versailles. Si bien que la ville est aujourd'hui sans fils télégraphiques, sans argent et sans timbres-poste. Si ce n'est pas là du désordre, il faut avouer que je ne m'y connais guères.

Malgré les assertions des amis de cet ordre étrange, nous persistons donc à maintenir qu'il ne sera véritablement rétabli dans les villes susdites que quand les élections communales y auront été proclamées et reconnues. La République est au-dessus du suffrage universel, mais le suffrage universel est au-dessus de M. Thiers. Si celui-ci considère comme valables les votes obtenus à Paris par l'amiral Saisset ou M. Jules Favre, il ne peut déclarer nuls ceux qui ont porté Delescluze ou Ranc à l'hôtel de ville. Il n'y a pas deux suffrages universels, l'un à l'usage de Thiers, et l'autre à l'usage de Ranvier, l'un validé par le pouvoir versaillais, parce qu'il nomme des réactionnaires, et l'autre invalidé par lui, parce qu'il choisit des républicains.

Chef du pouvoir exécutif, veut dire chef du pouvoir qui a pour mission d'exécuter les volontés du peuple. Du moment où il ne les exécute pas, et c'est ce que M. Thiers fait en ce moment, c'est ce pouvoir qui trouble l'ordre et devient conséquemment incapable de le rétablir.

Il ne règnera donc définitivement sur toute la surface du territoire que le jour où MM. Thiers, Picard, Vinoy, Favre et consorts auront disparu, et où les membres de l'Assemblée rurale se seront séparés, pour rentrer dans leurs étables respectives. Jusqu'à ce moment, — que j'entrevois d'ailleurs, — aucune puissance humaine ne pourra nous empêcher de proclamer que c'est, non pas l'ordre, mais le désordre qui vient d'être rétabli à Toulouse, à Lyon, à Perpignan et au Creuzot.

HENRI ROCHEFORT.

Cet article, qu'il me soit permis de citer cette circonstance, semble la paraphrase du premier article qui soit sorti de ma plume, et qui était écrit dans la *Lanterne du Quartier Latin,* journal dont Rochefort n'a pas dû ignorer l'existence, et qui était dirigé par le citoyen Antonio Watripon. Cet article était intitulé « *A l'ordre;* » c'était un toast que j'avais dû prononcer dans le banquet des écoles dont j'étais organisateur. Mais en commissaire qui sait vivre j'avais cédé la parole au citoyen Proudhon, et à son saint Jean-Baptiste le citoyen Langlois.

On ne doit pas oublier que Napoléon III avait passé les dix-huit ans de son règne à faire le paradoxe du suffrage universel. Il était difficile à Rochefort d'oublier les pages charmantes qu'il avait écrites à tant de reprises pour stigmatiser cette folie.

« Quand M. Pouyer-Quertier vous représente que l'industrie est dans un état à faire pitié à un Irlandais, le gouvernement lui répond : nous avons eu huit millions de suffrages ; montrez-nous en autant, et nous consentirons à discuter.

« Ces huit millions de suffrages constituent l'arrière-garde de votre argumentation. Quand un orateur du gouvernement sent couler bas ses démonstrations, et qu'une voie d'eau s'est déclarée dans ses raisonnements, il s'écrie d'une voix claire : «A moi mes huit millions de suffrages. » Et aussitôt ces vieux grognards viennent se ranger l'arme au bras dans la bouche de l'orateur. »

Dans cette virulente boutade Rochefort défend encore la liberté de la presse.

Le *Figaro* a beau écrire que Rochefort ne croit à rien, il croit au moins à ce principe et sa manière de raisonner le prouve. Elle se reproduira à différentes reprises.

« Pas de différence entre Duportal qui exproprie M. Kératry de sa sous-préfecture et M. Kératry qui chasse M. Duportal de son *Emancipation.* »

Je serai plus radical que Rochefort et je dirai que Kératry est plus à blâmer, car la préfecture ne lui appartient pas, tandis que l'*Emancipation* appartient à Duportal. Mais au point de vue moral, je dirai que quiconque possède un journal a charge d'âmes. Il est vrai que je n'ai jamais été rédacteur en chef, et que sans doute je ne le serai jamais.

Il y a dans cet article une erreur capitale qui échappe à Rochefort et qui a échappé à tant de monde, que Rochefort ne peut en être considéré comme responsable en bonne justice et en bonne équité. L'empire réclamait le respect du suffrage universel et il avait tort, car s'il l'avait consulté c'était pour le nier en établissant une dynastie. Mais depuis la proclamation de la République le pôle du monde politique a changé. C'est ce dont Rochefort ne s'est point aperçu.

Mais la fin de cet article est d'une justesse incontestable, car les promenades des prétendants et de leurs amis ont été pour beaucoup dans l'erreur des Parisiens. On peut dire sans exagération que non-seulement les d'Orléans, mais les insensés qui les ont envoyés à l'assemblée, sont coupables d'homicide par imprudence, et que beaucoup du sang versé à Paris doit retomber sur eux. Je vivrais mille ans que je n'oublierai point le parti infâme, tiré par les complices des maires et des représentants qui ont livré Paris, d'une fausse nouvelle, rapportant que le duc d'Aumale était à Versailles et allait être nommé lieutenant-général du royaume. La nouvelle donnée par Rochefort était également fausse... mais, le moyen de vérifier? Est-ce que l'on n'avait point vu des crocodiles monarchiques errer autour de l'assemblée de Bordeaux.

Rochefort se rappelait ce qu'il avait vu et entendu dans les couloirs de l'assemblée. Il faut avouer qu'il était excusable de ne point prendre au sérieux, lui homme d'impression, une république qui ressemblait tant à une monarchie.

Dans le numéro du 5 avril, Rochefort se fait l'écho d'un bruit très-accrédité dans Paris et prétend que l'armée de Versailles n'est composée que de gendarmes et des volontaires de Charette. Ce mensonge était d'autant plus dangereux que l'Assemblée ne négligeait aucune occasion de manifester son aversion pour la forme républicaine que les gendarmes défendaient avec beaucoup de courage et d'abnégation. S'il n'avait tenu qu'à ces braves gens, qui versaient leur sang pour la France, la calomnie n'aurait point eu tant de venin ! Une proclamation de l'Assemblée et tout l'échafaudage tombait comme un château de cartes. Mais il n'y avait qu'à lire, avec un esprit prévenu, certains débats parlementaires pour croire que Rochefort pouvait avoir partiellement raison.

LES MALADRESSES DE LA RÉACTION.

Qui le supposerait? La bêtise des bombardeurs de Versailles est encore plus grande que leur scélératesse. Le principe de la Commune une fois admis, les hommes qui en faisaient partie pouvaient, dans une certaine mesure, donner lieu à discussion. Nous n'avons pas à le taire, surtout à cette heure, nous avons entendu des citoyens de convictions solides répéter çà et là depuis les élections :

« Je suis certainement pour la Commune, mais je regrette qu'un tel en fasse partie. »

Après les preuves de folie furieuse que vient de donner le gouvernement d'outre-Seine en couvrant de ses boulets les abords de notre enceinte, il n'y a plus, à notre avis, de distinctions à faire ou de revue rétrospective à essayer. Les gendarmes de M. Thiers ont rendu sacrés les hommes qui délibèrent à l'hôtel de ville. Du moment où c'est sur eux que Versailles tire, c'est à eux que nous devons nous rallier. M. de Charette, qui se bat aux cris de *Vive le Roi!* avec un cœur de Jésus brodé sur la poitrine, fait une situation exceptionnelle à ceux qui marchent contre lui avec un drapeau rouge aux cris de *Vive la République !*

Les obtinations et les menaces des croquemitaines versaillais avaient déjà versé un vif intérêt sur les membres du Comité central, les coups de canon qui ont suivi sanctionnent l'autorité de la Commune. Singlière tactique que celle de gens qui, au lieu de diminuer leurs adversaires dans l'opinion publique, s'appliquent à en faire des héros et vont eux-mêmes leur agencer des auréoles autour de la tête.

La niaiserie des réactionnaires n'est, certes, pas ce qu'il y a chez eux de moins révoltant. Comment voulez-vous qu'un Français ait l'idée de remonter dans le passé d'un membre du gouvernement de Paris à l'heure où celui de Versailles lance contre lui le groupe obscène des anciens sergents de ville de Bonaparte. C'est toi-même, ô stupide Assemblée! qui as ceint de la couronne civique les hommes de l'hôtel de ville. En l'attaquant et en l'obligeant à combattre pour le suffrage universel contre les généraux en chrysocale qui ont livré à la Prusse nos provinces et nos milliards, tu en as fait non-seulement le boulevard de la liberté française et le porte-drapeau de la République, mais tu as forcé à la reconnaître ceux même qui lui étaient le plus hostiles.

Tant de naïveté mêlée à tant de gredinerie, c'est à ne pas croire!

HENRI ROCHEFORT.

Les réactionnaires n'étaient pas si niais. Ils savaient bien ce qu'il y a à faire pour réussir dans leurs trames secrètes. Bismarck allait au but par le droit chemin, il marchait à la dislocation de la France, à la destruction de la République; les niais, les niais lamentables n'étaient point les réactionnaires.

Qu'il nous soit permis de citer à côté de ce regrettable article, les paroles dont Rochefort se servait dans le premier numéro du *Mot d'Ordre* pour flétrir la monarchie :

« Puisque, parmi les Français qui ont bu le poison monarchique, il s'en trouve pour en redemander!!!

« Puisqu'après les expériences faites, de faux naïfs ne semblent pas absolument convaincus que le meilleur des rois est au-dessous du dernier des monstres, il faut bien que des citoyens *désintéressés se laissent traîner à toutes les gémonies* à la condition de pouvoir dire à leur patrie du haut de la tribune aux harangues :

« *Tu as vu les cadavres de tes soldats débordant des fossés, tes maisons se sont effrondrées, tes maréchaux ont trahi, tes fiancées sont devenues folles, tes souverains ont rendu leurs épées*... et tu ne te considères pas comme suffisamment éclairée !

APPRÉCIES CECI, FRANCE MALHEUREUSE, FÉODALE.

« Tout prétendant est un scorpion que tu as le droit de saisir par la partie la moins venimeuse du corps et de jeter par la fenêtre. . . . .

« Les rois nous ont décidément tué assez d'hommes, les ménagements dont on use envers eux sont en train de devenir des crimes. »

Son article sur la candidature du duc d'Aumale est frappé au même coin. Quoiqu'il ait été publié également avant le 18 mars, nous ne pouvons faire bien comprendre toute la portée républicaine de la pensée de Rochefort, sans en reproduire la *presque totalité.*

« Napoléon III ne s'abusait pas sur la divinité de son droit. Il savait très-bien qu'il était devenu empereur d'industrie après avoir été simplement chevalier de l'ordre, et quand il faisait arrêter un républicain par ses Piétris ordinaires, il ne se faisait aucune illusion sur la grandeur du crime qu'il commettait. »

« Je n'ignore pas que je me conduis comme un galérien, disait-il à part lui. Cet homme est la probité même et la droiture en personne, mais il me gêne dans mes évolutions. Je vais l'envoyer pourrir à Cayenne. »

Les d'Orléans qui sont honnêtes ne feraient peut-être pas le même raisonnement ; mais comme les rois ne peuvent avoir d'autre plan de conduite que de se débarrasser des républicains, ils arriveraient à la même déportation.

« Le vrai moyen que doit employer le duc d'Aumale pour nous prouver qu'il est aussi honnête qu'on le dit, c'est de rester en Angleterre dans son château de Twickenham à faire de l'escrime dans le cas improbable où le prince Napoléon consentirait à s'aligner avec lui. »

Cette allusion maligne est destinée à rappeler le fameux projet de duel entre les deux champions des maisons impériale et royale, projet qui fit tant rire les républicains.

. . . .

. . . .

« Ces candidats corbeaux ne peuvent s'abattre que sur des mourants. Au contraire des rats qui abandonnent les vaisseaux prêts à sombrer, c'est dans les navires sur le point de couler bas qu'ils cherchent à s'introduire, sûrs qu'on acceptera leur offre de diriger la manœuvre. Quand ils partent pour la pêche, c'est toujours avec l'intention de jeter leurs lignes en eau trouble.

« Ah ! vous ne connaissez pas le vrai prétendant, il n'est pas fier allez ! Que la Prusse lui fasse la proposition suivante :

« Livrez-nous l'Alsace, la Lorraine, la Champagne, le Poitou, le Périgord et le reste, en conservant simplement une domaine qui s'étendra du *Moulin de la Galette* au *Père Lathuile* (1) ;

(1) C'est au *Moulin de la Galette*, sur les buttes Montmartre, que les communards ont établi leurs batteries ; le *Père Lathuile* est un restaurant de l'avenue de Clichy, à Batignoles.

« Il s'écriera :

« C'est fait. Dès demain, je m'installe aux Tuileries sous le nom de Christophe XXV, roi des Batignoles. »

Rochefort avait deviné intuitivement la Commune, qui se serait contentée des buttes Montmartre et qui était prête à signer avec la Prusse-vautour le traité du prétendant-corbeau. La canaille a aussi ses princes, et ces princes ne sont pas moins ignoblés que les chiffoniers porphyrogénètes qui vont flairer dans les alentours des assemblées. Tous les articles *Mot d'Ordre* n'étaient point aussi heureux, sans cela il faudrait lui tresser des couronnes, dans la période où Rochefort faisait encore partie de l'Assemblée. Nous citerons le plus célèbre :

THIERS ROI DES CAPITULARDS.

Il fut traduit en caricature et se termine par ces mots :

« Nous avons à cette heure un Parlement qui ne vaut pas celui de Cromwell, qu'on appelait le Parlement-croupion. »

La *Cloche* demanda à Rochefort pourquoi il restait dans un Parlement pareil. Peut-être la démission de Rochefort fut-elle plus une réponse à la saillie d'Ulbach qu'autre chose. M. Ulbach en fait si peu de saillies, que cela a dû paraître aussi extraordinaire à Rochefort que d'entendre les troupeaux prendre la parole.

« *Loquebuntur quæ pecudes.* »

L'excuse ou l'atténuation de bien des articles regrettables est dans l'apparition des affiches du Comité central et de la Commune de Paris, qui, au nom d'un gouvernement séditieux mais de fait pour Paris, répandent d'affreux mensonges et de misérables calomnies.

« Les coupables vous les connaissez, ce sont les gendarmes et les sergents de ville de l'empire, » disent ces horribles placards, « ce sont les royalistes de Charette et de Catelineau qui marchent contre Paris aux cris de *Vive le Roi*, et le drapeau blanc en tête. »

Rochefort n'a du reste aucune parole d'amertume contre ses anciens amis qui l'ont quitté pour se joindre « aux Roussiers » de Versailles, tandis que l'ignoble *Père Duchesne* s'exprime ainsi sur le compte de mon frère Ulric, par exemple :

« Ulric de Fonvielle,

« Le Père Duchesne ne te l'envoie pas dire, tu n'es qu'un traître, un jeanfoutre et *un mouchard*.

« Tu es un traître, parce que tu combats maintenant contre la brave Commune de Paris, c'est-à-dire, tu le sais bien, mauvais bougre d'hypocrite, contre la République.

« Contre la République, entends-tu bien?

« Toi qui as marché dans le temps avec Garibaldi! Tu es un jeanfoutre, puisque tu as tourné casaque à tes amis, qui sont restés de bons bougres, et que tu as foutu le camp du côté des royalistes, le jour où tu as pensé qu'il y avait des coups à recevoir du côté de la Révolution.

« Chenapan va !

« Tu es un mouchard, puisque tu commandes maintenant de sales bougres d'organisés et que tu t'es fait général d'une bande de rousses déguisés en soldats.

« Ah! malheureux!

« Tu n'as donc pas de cœur?

« Non, tu n'en as pas!

« Tu n'as pas de cœur, puisque tu as oublié le serment que tu as fait sur la tombe du cimetière de Neuilly, le jour où nous avons enterré ensemble notre pauvre ami assassiné.

« Te rappelles-tu ce jour-là, Ulric de Fonvielle ? Te rappelles-tu que tu jurais de le venger, de nous venger tous, et que tu nous prenais tous à témoin de ton serment ?

« Gredin !

« Tu fais cause commune aujourd'hui avec les assassins.

« Tu fais bande avec les cinq Corses.

« Tu es l'ami de Pierre Bonaparte. »

LES RESPONSABILITÉS.

Nous voudrions pouvoir mentir, mais nous ne mentirons pas. Nos gardes nationales, en proie à des chefs aussi pleins de courage que d'inexpérience, ont été débusqués de toutes ou presque toutes leurs positions, et ont vu échouer à peu près toutes leurs attaques. Le général Duval, le général Henri ont été faits prisonniers avec une partie des bataillons qu'ils commandaient et fusillés sans merci. Notre cher et mille fois cher ami Flourens, qui n'avait jamais annoncé, comme le traître Ducrot, qu'il reviendrait mort ou victorieux, n'est pas revenu victorieux, mais a été emporté mort. Depuis trois jours, les patriotes les meilleurs et les plus utiles tombent sous les balles des anciens sergents de ville de Piétri, devenus les cent-gardes de Thiers, et si l'héroïsme de nos combattants affirme la République, on ne peut nier qu'il la décapite, Voilà la vérité.

Eh bien ! nous devons le dire et nous le disons : Tous

ces désastres ont leur origine dans l'incroyable légèreté qui a présidé aux opérations militaires. La garde nationale, bien fortifiée dans Paris, attendait l'arme au pied une attaque qui ne venait pas ; où était la nécessité de la faire marcher sur Versailles ? D'où sort ce plan bizarre qui consiste à faire passer trente mille hommes sous le feu plongeant du Mont-Valérien ? Qu'espéraient les stratéges auteurs de ces sanglants enfantillages ? Croyaient-ils que ces gendarmes allaient fraterniser et que les artilleurs allaient tirer à blanc ? Au moins était-il élémentaire de s'assurer des dispositions des marins et des sergents de ville avant de céder à l'enthousiasme de ceux qui voulaient marcher en avant.

Ajoutons que si, par aventure, nos amis avaient pris Versailles, l'Assemblée se serait repliée sur Fontainebleau, puis sur Orléans, puis au besoin sur Pondichéry, ce qui changerait en une simple chasse à courre la lutte actuellement pendante entre les deux pouvoirs. Avec des opérations de cette force, on arriverait vite à réhabiliter Trochu.

Maintenant que le mal est fait, et que les cadavres de nos concitoyens rentrent dans Paris par charretées, une grave question se pose : celle de la responsabilité. Cette tactique, non pas seulement funeste, mais folle, qui l'a ordonnée ? de quel cerveau en délire s'est-elle échappée toute fumante ? Voilà ce qu'ont le droit de demander les mères, les sœurs et les femmes qui s'entassent aux barrières de Paris pour voir revenir mutilés leurs fils, leurs maris et leurs frères. Il existe un Carnot quelconque qui a ordonné cette fatale sortie de trois jours. Pourquoi ne le nomme-t-on pas ? pourquoi ne s'est-il pas déjà expliqué devant la nation ?

Nous n'avons pas besoin de répéter ici à quel point nous sommes prêts à défendre le principe de la Commune que nous n'avons jamais cessé de proclamer. Personnellement, arraché à ma prison le 4 septembre par le peuple qui m'a installé malgré moi à l'hôtel de ville, j'ai quitté le gouvernement le jour où celui-ci a refusé les élections communales, si légitimement demandées par la ville de Paris. Nous n'en essaierons pas moins de faire comprendre aux élus de ces derniers jours que, sans le silence et la nuit qui planent sur leurs délibérations, de grands malheurs et d'effroyables massacres eussent été peut-être évités.

La publicité des séances d'une assemblée ouvertement nommée par le suffrage universel ne peut être mise en discussion. Paris a besoin d'être éclairé sur les hommes en partie inconnus, entre les mains desquels il a remis ce que, dans ce moment de crise, on peut sans exagération appeler ses destinées.

Vous ne pouvez avoir la prétention de vous constituer en pouvoir occulte. Il est une voix qui domine les vôtres, si autorisées qu'elles soient, c'est celle de l'opinion publique. Nous avons besoin de préciser à l'hôtel de ville comme au palais de Versailles, l'attitude de chacun et la situation de tous. Il est impossible que sept mille hommes (pas moins malheureusement) aient été mis hors de combat, et que le jour où on viendra demander à qui de droit compte du sang répandu, on se trouve en face d'une fumée.

Nous réclamons donc formellement la publicité immédiate des séances de la Commune. Vous êtes la seule chambre des représentants qui nous reste. Or, depuis la convocation des États-Généraux, il n'en est qu'une qui ait osé délibérer secrètement : c'est le Corps législatif qui a suivi le Deux-Décembre. Voyez si la comparaison vous tente. Il y a encore eu le Conseil des Dix à Venise, au bon temps du Pont des Soupirs. Mais vous êtes plus de dix, et nous ne sommes pas à Venise, *quoique ce ne soient pas, hélas! les soupirs qui nous manquent.*

HENRI ROCHEFORT.

Non, ils n'ont jamais manqué, hélas; que Rochefort, en prenne son parti, ils ne manqueront pas davantage! Trente mille prisonniers, cinquante mille morts, six cents millions d'incendie, voilà ce que coûtent à la France les heures de pouvoir de Delescluzes. Badinguet n'a jamais coûté si cher, toute proportion gardée.

C'est la première fois que Rochefort parle de son adhésion au mouvement du 31 octobre, que Flourens avait conduit, comme on le sait, et dont l'origine était une indiscrétion commise par ce dernier, auquel Rochefort avait confié le secret de la capitulation de Bazaine.

Le numéro du 8 avril porte en tête l'article suivant :

LA RENTRÉE DES TROUPES.

Ce qui nous séduit particulièrement dans l'excellente proclamation du général Cluseret, c'est moins le projet d'organisation de la garde nationale, dont la réalisation demandera un certain temps, que l'annonce de la rentrée dans Paris des troupes de la Commune. Il n'était bon pour personne, et surtout pour la consolidation de la République, que les cacochymes de Versailles pussent se prévaloir de quelques échecs de nos soldats, pour raconter que les républicains ne tiennent pas contre les royaux de Charrette et les sergents de ville de Piétri.

Mais en se reportant à l'énergie et à l'acharnement

déployés dans les derniers combats, tl est impossible d'y voir seulement une tentative de guerre civile. Il y a eu là de la part de la garde nationale comme une revanche de l'inaction dans laquelle l'ont laissée pendant le siége les misérables généraux si couards à Champigny et au plateau d'Avron, si arrogants dans les avenues de Versailles.

Il y avait pour la population, dans cette fièvre de lutte, une sorte de besoin de réhabiliter Paris vaincu et livré. En se portant en avant, avec cette témérité folle qui nous a coûté nos meilleurs amis, les bataillons de la Commune semblaient dire aux Vinoy et aux Ducrot qui, au lieu de se faire tuer aux avant-postes, rentraient héroïquement pour l'heure du dîner :

« Voilà comment nous savons mourir et comment nous serions morts pour la défense de la patrie sans vos lâchetés et vos trahisons. »

Maintenant que notre brave garde nationale a jeté cette gourme, dont il eût été peut-être impossible d'arrêter l'explosion, car il paraît prouvé que ce sont les généraux et les chefs de légions qui se sont donné à eux-mêmes l'ordre de marcher sur Versailles, c'est au citoyen Cluseret à veiller désormais sur ces sorties compromettantes. Ce ne serait pas la peine d'avoir demandé pendant cinq mois la tête du général Trochu, pour renouveler sa tactique.

HENRI ROCHEFORT.

Ce court article est un aveu précieux des véritables causes de la guerre ; rien de plus vrai, de plus sensé n'a été écrit. Depuis la capitulation, la garde nationale était dans l'ébullition. Les héros du siége se croyaient de bonne foi les premiers soldats du monde... Ils se croyaient trahis et vendus parce qu'avec de telles troupes le gouvernement de la défense nationale n'avait point balayé l'armée prussienne. Le général Trochu, dans son grand discours devant l'Assemblée nationale, ne s'exprime point autrement que Rochefort au centre de l'insurrection. Rentrez au logis, insensés qui avez voulu montrer qu'on *devait vaincre* par cela seul qu'on avait l'honneur de vous commander.

L'article suivant, imprimé dans le même numéro, est une satire très-fine décochée contre les scélérats qui brûlaient l'échafaud et qui avaient, à chaque instant, à la bouche le mot de fusillade. L'article, quoique bref, restera. Il n'a pas de titre ; nous lui en donnerons un :

LES TARTUFFES DE L'HUMANITÉ.

Hier, à dix heures du matin, le peuple a brûlé l'échafaud sur le boulevard Voltaire. L'idée était bonne et le boulevard bien choisi. Mais à quoi bon, je le demande, cet auto-da-fé accompli sur les bois de justice, si, en détruisant l'échafaud, nous conservons la peine capitale, avec cette seule nuance que la guillotine est remplacée par le chassepot?

Les Français sont décidément des êtres surprenants. Ils sont tous d'accord pour proclamer l'inviolabilité de la vie humaine, mais cette inviolabilité consiste à déclarer qu'aucun individu, à quelque sexe qu'il appartienne, et quelque crime qu'il ait commis, ne sera désormais appelé à grimper les degrés de la fatale machine qui a emprunté son nom au docteur Guillotin.

En revanche, il paraît convenu entre nous qu'adosser un homme contre un mur et lui envoyer douze balles dans le corps ne s'appelle pas violer la vie humaine.

Le mode d'exécution ne nous inquiète pas, c'est l'exécution elle-même qui nous préoccupe. Si même il fallait choisir entre le fusil et la guillotine, j'ai idée que je préférerais encore cette dernière, eu égard aux derniers préparatifs qui exigent un certain temps, tandis qu'il n'y a rien comme une arme à feu pour rayer avec promptitude un citoyen du nombre des vivants.

La terrible guerre que nous traversons n'établit que trop irréfutablement la vérité de ce que j'avance.

Ce que nous voulons, ce n'est pas l'incendie de l'échafaud, c'est l'abolition de la peine de mort.

HENRI ROCHEFORT.

Malheureusement, l'article qu'il nous reste à publier, dans le numéro du 6, est loin de mériter, au même titre, nos éloges.

LES DÉFENSEURS DE LA PROPRIÉTÉ.

Bien nourris, bien logés, bien chauffés dans ce beau palais de Versailles, jadis habité par le grand roi qui présida aux dragonnades, les hommes du gouvernement de Seine-et-Oise continuent à envoyer des boulets sur les passants de tout sexe et à démanteler les maisons qui ne leur appartiennent pas.

Tuer des femmes et des enfants, c'est peut-être dans l'ordre; mais éventrer des immeubles, c'est grave pour des réactionnaires dont l'unique préoccupation est de protéger la propriété.

M. Thiers possède place Saint-Georges un merveilleux hôtel plein d'œuvres d'art de toutes sortes. M. Picard a sur ce pavé de Paris, qu'il a déserté, trois maisons d'un formidable rapport, et M. Jules Favre occupe, rue d'Amsterdam, une habitation somptueuse qui lui appartient. Que diraient donc ces propriétaires hommes d'État si, à leurs effondrements, le peuple de Paris répondait par des coups de pioche, et si, à chaque maison de Courbevoie touchée par un obus, on abattait un pan de mur du palais de la place Saint-Georges ou de l'hôtel de la rue d'Amsterdam.

Je connais ces grands politiqueurs qui viennent étaler leur désintéressement sur le tapis vert de la tribune. Les biens de ce monde les touchent infiniment plus que ne le ferait supposer leurs têtes dans les nuages. J'ignore comment ces rêveurs-là s'arrangent, mais après deux mois de ministère, ils ont tous cent mille livres de rente. Je suis donc convaincu qu'à la première nouvelle que le marteau de sa porte a été seulement endommagé, M. Thiers ordonnerait de cesser le feu.

Dût-on nous appeler Tamerlan, nous avouons que ces représailles ne nous répugneraient pas outre mesure, si elles ne présentaient un inconvénient capital. En apprenant que la justice populaire démolit l'hôtel de M. Thiers, qui a coûté deux millions, l'Assemblée siégeant à Versailles lui en voterait immédiatement un autre qui en coûterait trois. Et comme ce sont les contribuables qui payeraient la facture, nous nous voyons forcé de déconseiller ce mode d'expiation.

HENRI ROCHEFORT.

Toutefois, il importe de faire remarquer qu'il se compose en réalité de deux articles se contredisant l'un l'autre. Le dernier renferme le sage avis. Si c'est par la conclusion qu'il faut le juger, l'intention de Rochefort est excellente.

Si on le rapproche de ce qui a été dit dans l'*Officiel*

œil pour œil, dent pour dent, si l'on fait attention à l'arrestation des otages, on se demande même quelque chose de plus. Ne serait-il pas de patriotique politique de détourner contre des objets inanimés *une fureur* qui peut être dangereuse pour des êtres vivants, pour des innocents !

Terrible question que, dans ces temps sombres, nous sommes obligés de nous poser.

Hélas! combien ils étaient rares, ceux qui ont vu la vérité vraie, qui ont couru sus au monstre, au Comité central, qui ont brisé toutes leurs affections, pour arrêter leurs amis sur le penchant de l'abîme! Quelle a été leur récompense?

Les aveugles les ont considéré comme des traîtres, et les habiles qui voulaient établir un trône, les tiennent pour de dangereux ennemis... Il leur reste la satisfaction de leur conscience, et ils seront heureux s'ils ont le sublime orgueil de s'en contenter !

Dans son numéro du 9 avril Rochefort commence la grande guerre de plume. Il frappe au visage l'infâme Pyat, l'ignoble rédacteur du *Vengeur*, le lâche gredin sinistre qui est capable de tous les crimes.

LES DICTATEURS JOURNALISTES.

M. Pyat (de la Commune) a pris le douloureux prétexte de la mort de notre cher Flourens pour citer une page de son dernier ouvrage : *Paris livré*, et il a précisément choisi celle où notre héroïque ami rapporte les conversations que j'ai eues avec lui à propos de la trahison du méprisable Bazaine.

M. Pyat aurait peut-être dû comprendre que je n'ai ni le pouvoir ni l'envie de réfuter un mort, et un mort aussi glorieux que l'auteur de *Paris livré*. Son procédé à mon égard est donc, en cette circonstance, parfaitement déloyal.

Or, que M. Pyat, qui me paraît un peu jeune pour son âge déjà avancé, me permettre de le lui dire : Sa position de membre du gouvernement l'oblige plus que tout autre à la circonspection et à l'impartialité. Il fait actuellement partie de la commission exécutive, qui s'attribue et possède un pouvoir à bien peu de chose près dictatorial, puisqu'il suffit d'un ordre émané d'elle pour qu'un citoyen soit appréhendé au corps ou qu'un journal soit supprimé. Or, le premier devoir que s'impose ordinairement un homme aussi puissant que l'est aujourd'hui M. Félix Pyat, c'est l'oubli absolu de ses rancunes.

S'il plaît, en effet, au dictateur rédacteur en chef du *Vengeur* de s'abriter derrière soixante mille baïonnettes, pour raviver ses vieilles querelles, sa réputation de vaillance n'en sera certainement pas augmentée. Je trouve déjà extrêmement singulier pour ma part, qu'un membre de la Commune continue à diriger un journal, surtout quand cet élu du peuple à qui il doit tout son temps, préside quotidiennement à la suppression d'autres journaux qu'il ne dirige pas.

Lorsqu'on se montre aussi impitoyable pour les journalistes, on est tenu d'être particulièrement sévère pour soi, parce qu'il pourrait arriver ceci, qui serait extrêmement fâcheux : *le Vengeur*, que rédige l'auteur du *Chiffonnier de Paris*, se compose et se tire dans la même imprimerie que *le Mot d'Ordre*. Rien ne serait facile à M. Pyat comme d'engager une polémique avec mon journal, dont il sait probablement le tirage considérable, de le supprimer autocratiquement à ma troisième réplique, pour cause de désaccord avec un membre de la Commune, et de profiter comme rédacteur en chef des lecteurs qu'il m'aura enlevés comme délégué du gouvernement.

Si la femme de César, qui était une canaille, ne devait pas être soupçonnée, à plus forte raison un républicain de la trempe de M. Félix Pyat doit-il être à l'abri de toute insinuation.

Je ne vous accuse pas encore, citoyen commissaire exécutif, mais vous reconnaîtrez avec moi que votre position est terriblement fausse, et vous aurez le bon goût, j'en suis convaincu, de cesser désormais contre vos confrères de la presse des attaques auxquelles ils ne peuvent répondre sans s'exposer à être fusillés comme otages. Il y aurait un seul et unique moyen de prouver cette impartialité que les électeurs ont le droit d'exiger de vous : ce serait de supprimer un beau matin *le Vengeur* comme vous avez supprimé *la Liberté*. Mais j'ai quelque idée que l'année 1871 ne verra pas ce sacrifice d'Abraham.

HENRI ROCHEFORT.

Toute attaque à Pyat est une bonne action qui doit être comptée.

Il en est de même de la remarque satyrique accompagnant la note de l'*Officiel* annonçant que le grand délégué Paschal Grousset vient de notifier aux puissances étrangères la constitution du gouvernement communal de Paris :

« De mémoire d'homme, c'est la première fois qu'un conseil communal notifie son installation aux grandes puissances. »

Grousset, vaniteux et rempli de son importance, n'aura point pardonné ce coup de boutoir...

La position de Rochefort sera devenue d'autant plus dangereuse que le nombre des rédacteurs ou plieurs de la *Marseillaise* était plus grand parmi les membres du Comité central.

L'article suivant ne se peut excuser, mais il s'explique :

LE MANIFESTE DES DÉPUTÉS DE PARIS.

Je n'aurais jamais pensé que Versailles fût à une telle distance de Paris, même depuis l'interruption du service des chemins de fer. La déclaration des députés parisiens restés dans Seine-et-Oise nous donnerait à croire qu'un tremblement de terre les a transportés brusquement à onze cents lieues de nous. Louis Blanc, Brisson, Quinet, Dorian et plusieurs autres de nos représentants y traitent « d'insurrection » le mouvement communal, « d'Assemblée nationale » le groupe de bestiaux entassés dans la salle du théâtre du palais de Versailles, et de « chef du pouvoir exécutif » le vieil assassin qui mitraille nos femmes et démolit actuellement nos maisons, sans que ces élus paraissent se douter de la situation d'esprit où nous ont jetés les assassinats réitérés des Gallifet et des Vinoy de l'empire.

Ah ! chers et anciens collègues, si vous entendiez nos braves gardes nationaux s'exprimer sur ce que vous intitulez si euphoniquement « l'Assemblée nationale », vous ne songeriez guère à nous ramener dans ce giron purulent et à ce bercail pestilentiel. Nous ne pouvons dissimuler la surprise que nous a fait éprouver la lecture de ce manifeste signé par neuf des élus de Paris. Il y est question d'insurrection. Il y a eu insurrection, en effet, mais qui donc s'est insurgé contre le droit du peuple de garder ses armes, si ce n'est le pouvoir aveugle qui a voulu les lui reprendre ?

Vous nous rappelez des paroles prononcées, le 3 avril, par le chef du pouvoir exécutif, paroles dans lesquelles il semble promettre de ne pas renverser immédiatement la République. C'est très-bien, mais prenez une carriole et faites-vous mener jusqu'à Neuilly. Vous y verrez des maisons percées d'ontre en outre, des voitures d'ambulances, des blessures et des cadavres, et vous apprécierez vous-mêmes s'il est possible à une ville de reconnaître le pouvoir qui la met dans cet état. En fait d'exécutifs, nous n'avons eu à faire jusqu'ici qu'à des exécuteurs, et nous déclarons, sans aucune hyperbole, que les procédés de von Moltke et de von Bismarck envers la capitale du monde républicain ont été infiniment plus supportables que ceux des Prussiens von Thiers, von Jules Favre et von Picard, attendu queles premiers n'ont jamais envoyé leurs obus plus loin que le bois de Boulogne, tandis que les seconds lancent les leurs jusqu'au rond-point des Champs-Elysées.

Où êtes-vous et dans quelle atmosphère vivez-vous donc là-bas pour nous parler avec ce sang-froid de ces hommes odieux, voués désormais à l'exécration de la population parisienne? Vous nous annoncez tranquillement, à la fin de votre manifeste, que vous allez rester à Versailles où vous continuerez à défendre la République par les seules armes efficaces : « la discussion libre et la raison. »

La discussion libre! et M. Thiers a supprimé six journaux. La raison! essayez donc de la faire entendre à un Vinoy, qui après avoir capturé le brave Duval, le fait assassiner dans un champ, sans paraître se douter qu'il y a pour les prisonniers de guerre des tribunaux et des jugements;

A ce Gallifet qui prévient d'avance le public qu'il fusillera au hasard tout ce qui lui tombera sous la main ;

A un Jules Favre qui, non content d'avoir livré à la Prusse toute notre artillerie avec ses munitions, demande pardon au dieu de Trochu de nous avoir épargné l'humiliation d'y ajouter nos fusils.

Si nous avions pensé que les députés non démissionnaires installés à Versailles dussent publier une déclaration, nous ne nous serions pas attendu à celle-là. Comment, pas un mot pour reconnaître notre droit à conserver nos franchises municipales! Quoi ! pas une ligne de blâme contre ces bombardeurs, dont la conduite doit étonner les Prussiens eux-mêmes! Vous êtes représentants de Paris, on éventre votre ville, on l'écrase, on l'affame, et au lieu de quitter les bancs où vous êtes inutiles, puisque vous n'y êtes pas écoutés, pour venir vous enfermer dans la cité qu'on attaque, vous nous conseillez pour tout remède « la discussion libre et la raison. » Autant conseiller à un cholérique de se laver avec de l'eau de guimauve!

Il faut croire que depuis quinze jours la Révolution a fait terriblement du chemin, car évidemment votre diapason n'est plus le nôtre. Nous nous indignons à cette seule idée que vous pouvez, sans frisonner d'horreur ou de dégoût, vous rencontrer dans les rues de Versailles avec les scélérats qui mettent aujourd'hui à feu et à sang la capitale qui vous a élus. Comment pourrions-nous admettre que vous ayez le courage de discuter avec eux?

Henri Rochefort.

En effet, ce manifeste honteux pour ceux qui y ont apposé leurs noms, est une condamnation plus de la conduite de ceux qui le signent que de l'insurrection. S'il y a insurrection, pourquoi avoir mis tant de temps à s'en apercevoir? S'il n'y a point en réalité insurrection, pourquoi n'êtes-vous point à Paris, grands citoyens? Peur et ambition, voilà ce que sue votre conduite. Vous faites autant de mal à Versailles que Rochefort a pu faire de bien à Paris.

Hâtons-nous d'ajouter que par la lettre suivante, Rochefort décline toute candidature lors des réélections partielles :

Dimanche, 9 avril.

Citoyen rédacteur en chef,

Je lis mon nom dans plusieurs journaux sur une liste de candidats aux élections communales.

Je serais, je n'ai pas besoin de le dire, extrêmement honoré de faire partie de la Commune de Paris. Mais il y aurait actuellement pour moi impossibilité matérielle à remplir les grands devoirs que cette situation impose.

A la nouvelle des événements qui agitaient Paris, je suis revenu d'Arcachon, à peine convalescent, et je n'ai pu guère depuis me ménager assez pour être en état d'accomplir une besogne tant soit peu fatiguante. Je puis à la rigueur écrire, mais il m'est impossible et surtout défendu de parler et de veiller.

Mais forces me trahiraient bientôt, et cela sans profit pour personne. Je me vois donc, à mon grand regret, obligé de décliner toute candidature.

Veuillez agréer, citoyen rédacteur, l'expression de mes sentiments fraternels.

HENRI ROCHEFORT.

L'article suivant ne peut être excusé que par la nécessité de détruire le mauvais effet produit par le refus de candidature. Pyat la hyène veille, il guette Rochefort.

Le plus beau jour de sa vie serait celui où Rochefoit serait arrêté comme otage.

LES ÉLECTIONS NÉCESSAIRES.

Lns élections communales complémentaires ont été ajournées. Il fallait s'y attendre, et cependant il y a lieu de s'en étonner. D'une part, nous comprenons très-facilement que les gardes nationaux ne puissent, à la même heure, être aux barricades et dans les salles de scrutin, et que l'affût d'un canon ne soit pas un pupître convenable pour écrire des noms de candidats.

D'autre part, il est incontestable que plus les résolutions à prendre offrent de gravité, plus il est nécessaire que l'assemblée qui les prend soit au complet. Or, plus la situation paraît se tendre, plus le nombre des membres de la Commune s'éclaircit. Vingt-cinq démissionnaires, deux morts et quelques incarcérés, c'est là, dans un corps de quatre-vingts citoyens, un trou assez sérieux pour qu'il devienne urgent de le boucher.

Nous ignorons quels hommes le vote, qui n'a pas eu lieu aujourd'hui, aurait installés à l'hôtel de ville, mais vingt-sept voix suffisent et au delà pour déplacer une majorité, et comme nous ne supposons pas que les décisions de la Commune soient prises à la minorité, il est de toute importance que les rufians de Versailles sachent que tout Paris est représenté dans les décrets d'anathème lancés contre eux, et qu'ils ne puissent appliquer à l'Assemblée communale ce refrain ridicule :

Ils étaient quatre
Qui voulaient se battre.
Ils étaient trois
Qui ne le voulaient pas !

Hâtez-vous donc de compléter vos cadres. Vous y gagnerez en solidité et en prestige. Il est inadmissible qu'il n'y ait pas d'ici à peu de temps quelque armistice, si fugitif qu'il soit.

Nous vous conseillons d'en profiter pour appeler définitivement les électeurs au scrutin. Ceux qui occupent à cette heure le siége du gouvernement ont, à notre avis, jeté assez de racines dans la population parisienne pour ne pas redouter une opposition au cas où le prochain vote l'introduirait dans le sein de la Commune.

L'empire, qui vivait au jour le jour, avait pour principe de traîner une réélection jusqu'à la dernière minute que lui accordait la loi, et il arrivait à des circonscriptions de rester six mois pleins sans être représentées. Vingt-sept membres à élire forment à peu près le tiers de la liste complète, et si ce vide ne devait pas être comblé de longtemps, l'autorité de vos arrêts finirait par en souffrir. Lorsque Tridon, Ranc, Malon et moi nous avons donné à Bordeaux notre démission de députés de Paris, nous espérions être bientôt imités par toute la gauche dont la retraite aurait frappé de stérilité et d'impuissance cette assemblée puante que nous avions bien jugée, du reste. La gauche ne nous a pas accompagnés, c'est son affaire; mais il serait fâcheux que cette même assemblée vous vît précisément dans la situation ou nous aurions voulu la mettre.

Nous devons donc nous attendre à être appelés au scrutin dans un court délai.

On ne peut méconnaître, d'ailleurs, qu'il y a dans les esprits une sorte de désarroi. Toutes les passions, toutes les idées, tous les sentiments se heurtent dans les têtes les plus solides et semblent grimper les uns sur les autres. Ce qu'en notre qualité de journaliste, nous avons déjà reçu de lettres et subi de questions relativement aux élections, au cas où la Commune réunirait de nouveau le peuple dans ses sections, est incalculable.

Première question.

Faut-il voter?

Deuxième question.

Faut-il voter pour ceux des candidats que nous croirons capables de mener vigoureusement la guerre d'extermination que paraissent avoir déclarée aux républicains de Paris les mécréants de Versailles?

Troisième question.

Faut-il, au contraire, adopter une liste dont le succès indiquerait une transaction possible?

Le *Mot d'Ordre* ne conseille aucun nom, mais il conseille de toutes ses forces un acte : c'est le vote. L'abstention électorale au milieu de la lutte si bravement soutenue jusqu'ici serait évidemment interprétée par les pirates versaillais comme un commencement de lassitude et le prologue d'un désarmement. Or, nos éventreurs n'ont que trop de confiance dans leurs Mac-Mahon et leurs Gallifet; et si quelque chose au monde peut contribuer à la leur enlever, et les obliger à une transaction, ce serait de leur montrer, sortant tous frais de l'urne, vingt-sept noms de républicains bien caractérisés.

Au nom de la liberté, ne nous laissons pas tomber dans cette espèce d'avachissement qui suit parfois les tensions nerveuses trop prolongées.

Ceux qui accorderaient la moindre concession aux égorgeurs qui ont fait fusiller le général Duval par des soldats de la ligne, sous prétexte que d'autres soldats de la ligne ont fusillé Clément Thomas, s'en mordront, en style vulgaire, les pouces et s'en arracheront les cheveux le restant de leurs jours.

Le vieux Vadier, un des vainqueurs de Thermidor, faisait, à son lit de mort, cette allusion à son vote contre Robespierre :

« J'ai envoyé bien des Français à l'échafaud. Et cependant, je n'ai jamais eu qu'un remords, c'est d'avoir pris un patriote pour un tyran. »

J'oserai dire qu'avec une formule contraire, notre situation est à peu près la même. Pas de laisser-aller, pas de découragement, pas de faiblesse, si chacun de vous ne veut pas être réduit à répéter un jour, à l'instar du conventionnel Vadier :

« J'ai été trompé par bien des gouvernements, mais je n'ai jamais eu qu'un regret, c'est d'avoir pris M. Thiers pour un honnête homme. »

HENRI ROCHEFORT.

Pyat, furieux de l'abstention personnelle de Rochefort, ne se tient point comme satisfait par la publication de ce *manifeste électoral*. Il ne lui suffit point que Rochefort pousse au vote. Ses adhérents font adopter par des citoyens du 9e arrondissement la pièce suivante :

Considérant que MM. Desmarest, Ferry, Nast et André, lors des élections du 26 mars, ont adjuré tous leurs concitoyens de se rendre au scrutin et ont ensuite donné leurs démissions, — parce que MM. Ranc et Ulysse Parent avaient obtenu plus de voix qu'eux sur la liste des élus au Conseil communal ;

Considérant que MM. Ranc et Ulysse Parent' après les élections précitées, ont aussi donné leurs démissions, — parce qu'il y avait un semblant de danger à rester membre de la Commune de Paris, vis-à-vis des résolutions réactionnaires du soi-disant gouvernement de Versailles ;

Considérant que MM. Dupont (de Bussac), Henri Rochefort, Avenel et Semerie, qui étaient présentés aux suffrages électoraux du 26 mars, ont déclaré ne point accepter de candidature pour les *périlleuses* élections supplémentaires d'aujourdh'ui 10 avril ;

Le peuple arrête :

MM. Desmarest, Ferry, Nast, André, Ranc, Ulysse Parent, Dupont (de Bussac), Henri Rochefort, Avenet et Semerie, ne pourront être portés sur aucune liste sincèrement républicaine, lors des prochaines élections pour la Commune de Paris.

(Suivent les signatures.)

Rochefort fait suivre la reproduction de cette résolution d'un article intitulé :

CANDIDATURES OBLIGATOIRES.

SUIVENT LES SIGNATURES.

Ce « suivent les signatures » est une simple merveille. Un journal annonce qu'une résolution a été prise où on déclarait que Ranc, Ulysse Parent, Dupont (de Bussac), moi et quelques autres avons refusé d'accepter un pòste « périlleux » et on ne nous indique même pas par qui cette résolution a été prise. Il est clair cependant que toute la question est là ; sans quoi, le « suivent les signatures » du journal *le Vengeur* ressemblerait terriblement au *Communiqué* des anciens agents bonapartistes, avec cette différence, tout à la gloire de l'empire, que nous savions toujours de quel ministère venaient les *Communiqués*, tandis que nous ignorons absolument d'où et de qui émanent les résolutions prises à notre égard.

Il serait cependant utile pour l'enseignement de tous qu'on connût les noms de ces hommes purs qui rayent ainsi des listes électorales, comme suspects à la démocratie radicale, Ranc qui a été déporté à Lambessa, Dupont de Bussac qui a passé un tiers de sa vie en exil, Ulysse Parent régulièrement arrêté dans tous les mouvements populaires, et moi-même qui ai trouvé moyen d'encaisser, en trois mois, cinq ans et demi de prison et cent quinze mille francs d'amende.

Il faut croire que les citoyens dont parle le *Vengeur* et dont les signatures suivent se sont trouvés à des postes plus périlleux que les nôtres, puisqu'ils nous accusent avec cet aplomb. Et du moment que le 9me arrondissement les possède, c'est bien le moins que nous les connaissions, ne fût-ce que pour nous incliner devant leur supériorité incontestable.

Malheureusement, le premier imbécile, que dis-je, le premier agent de police venu, heureux de déconsidérer dans la mesure de ses forces le parti républicain, peut apporter à la rédaction d'un journal des résolutions aussi anonymes que celle dont il s'agit et qu'il aura prises à lui tout seul. Rien ne serait facile au *Mot d'Ordre* comme de publier demain matin une vilenie dans ce genre :

« La résolution suivante a été prise dans le 22me arrondissement :

« M. Félix Pyat ayant été convaincu d'avoir reçu de la

Prusse cent mille francs, grâce auxquels il a fondé une maison de gros à Batignoles, rue des Dames,

« Le peuple arrête :

« M. Félix Pyat ne pourra être porté aux prochaines élections sur aucune liste sincèrement républicaine. »

(Suivent les signatures.)

Eh bien! notre façon d'agir, qui serait extraordinaire, ne le searit pas plus que ne l'est celle du *Vengeur*. Nous nous défions instinctivement de ces inconnus si exigeants. Lucien de La Hodde ne trouvait jamais qu'un républicain fût assez honnête pour lui ; mais en admettant même que ces signataires d'une déclaration qui n'est pas signée, soient autre chose que des goîtreux ou des mouchards, nous répondrions à la délibération qu'ils sont censés avoir prise dans le 9me arrondissement que si nous refusons de faire partie de la Commune, c'est que quant à moi, l'état de ma santé, et quant aux autres, l'état de leurs consciences ne nous permettent pas d'accepter un mandat que nous remplirions à contre-cœur.

Pour ce qui est du péril à redouter, il me semble qu'en cas de victoire des égorgeurs de Versailles, le danger d'être membre de la Commune n'est pas beaucoup plus grand que celui d'être rédacteur du *Mot d'Ordre* et aussi du *Vengeur*, car les deux feuilles ayant été supprimées en vertu de l'état de siége par arrêté du fusilleur Vinoy, le citoyen Pyat et moi sommes évidemment passibles du conseil de guerre pour les avoir fait reparaître au nez et à la barbe de nos proscripteurs.

Nous connaissions la carte forcée; la candidature forcée est d'invention nouvelle, et ceux qui veulent l'imposer, si républicains qu'ils se prétendent, ne peuvent être que d'abominables tyrans, à moins pourtant, supposition plus probable, qu'ils ne soient de parfaits jocrisses.

Suit la signature.

HENRI ROCHEFORT.

Sous une forme plaisante Rochefort découvre une vérité terrible. Pyat est accusé d'être un agent prussien. C'est la Prusse qui lui fournira les moyens d'évasion. Que de services n'a-t-il pas rendus à la Prusse le traître qui a provoqué le 31 octobre et le 23 janvier, qui a fait rejeter l'armistice sauveur miraculeusement obtenu par Thiers, et qui a empêché Jules Favre d'aller à Londres soulever les puissances étrangères. Jamais espion n'a si bien gagné son impur salaire.

Rochefort le démasque en riant et sans avoir l'air de rien le marque au front d'un fer rouge.

Rochefort, comme on le voit, ne se fait aucune illusion sur la nature du délit qu'il a commis en publiant un journal supprimé en vertu d'un décret d'état de siége. N'est-ce point l'envie de protester contre cette suppression qui l'a entraîné à venir à Paris? Ne serait-il point resté à Bordeaux sans la séduction belle, grande, de lutter pour la liberté de la presse? S'il se trouve entraîné à des complaisances coupables, n'est-ce point la suite d'une noble pensée ?

« *Und zwar mein Verbrechen was ein guter wœhn.* »

La suite de l'histoire de la querelle avec le *Vengeur* est curieuse. Cet épisode héroï-comique éclairera la situation.

Le citoyen Ulysse Parent (la terreur des sergents de ville depuis l'affaire André) est allé aux bureaux du *Vengeur* pour demander les noms des *soi-disant* signataires de la fameuse délibération.

« Le secrétaire de la rédaction du *Vengeur* a déclaré

alors à notre ami, avec une grande loyauté, que cette pièce avait été apportée au journal par M. Gromier, ancien secrétaire particulier de M. Félix Pyat, et qu'aucune signature ne se trouvait au bas de ce document. Ainsi cette prétendue délibération était l'œuvre d'un fausssaire.

« A parler franchement, nous nous en doutions un peu. La seule chose qui nous étonne, c'est qu'elle ait été fabriquée par M. Gromier, qui, arrivé un jour à Bruxelles sans ressources, et quoique n'ayant jamais vu le citoyen Rochefort, l'a trouvé assez pur et assez républicain pour aller lui emprunter de l'argent que naturellement il ne lui a jamais rendu. »

Ce n'était pas du reste la première fois que Rochefort rappelait l'infâme Pyat à la pudeur.

Le *Mot d'Ordre* du 7 février contient l'article suivant qui n'était qu'un charmant coup d'épingle :

« M. Félix Pyat nous appelle spirituellement dans son journal, le saint Jean-Baptiste de Gambetta. Nous sommes résolu à n'entamer aucune polémique amère avec M. Félix Pyat qui est un vieillard. Notre conviction étant que le citoyen Gambetta a rendu de grands services à la France, depuis la proclamation de la République, notre droit et notre devoir étaient de les enregistrer, avec l'impartialité que nous *mettrions à signaler à l'attention publique ceux que M. Félix Pyat pourrait rendre!* »

Quelques jours après le 10 février, Rochefort revient à la charge dans une circonstance plus grave. Il est plus incisif. Il blesse profondément la bête fauve.

Voici l'article entier, signé comme l'autre Henri Rochefort :

« Etant au gouvernement comme étant au *Mot d'Ordre,* nous n'avons cessé de combattre M. Jules Favre, et tout porte à croire que nous le combattrons longtemps encore. Nous n'en avons pas moins lu avec la plus insupportable envie de vomir une série de pièces, d'ailleurs à peu près incompréhensibles, insérées dans un journal de notre parti, et qui tendent à déshonorer tout à la fois M. Jules Favre et sa famille.

« Tous les républicains partageront notre dégoût. Mêler à des questions purement politiques le nom d'une femme et tenter de compromettre l'avenir d'intéressantes jeunes filles, ce sont là des procédés qui ne nous surprennent guères de la part de l'infâme signataire de ces prétendues révélations (1). »

Nous sommes, en revanche, extrêmement étonné que M. Félix Pyat, un des principaux candidats du *Mot d'Ordre,* ait cru devoir prêter à ces infâmes la publicité de son journal.

Pyat ne pouvait pardonner et n'a point pardonné, car la hyène n'a jamais rien pardonné de sa vie.

Nous verrons Pyat passer la main à Vésinier, un des rédacteurs de l'*Officiel* (2), ancien secrétaire d'Eugène

(1) Ce signataire était Millière, contre lequel Rochefort prétendait avoir les plus graves sujets de plaintes. La crainte de voir Millière s'emparer du mouvement communal a été sans doute pour beaucoup dans la décision que Rochefort a prise de venir à Paris. C'est ainsi qu'au 15 mai 1848, on a vu Barbès aller à l'hôtel de ville, malgré lui, afin d'empêcher Blanqui, le mouchard patenté, de s'emparer du pouvoir.

(2) Ayant eu occasion de pénétrer dans les bureaux de l'*Officiel,* nous avons vu ledit Vésinier y officier.

Sue, auteur frauduleux peut-être de quelques volumes publiés sous le nom du romancier.

Rochefort ne prend point par le grand côté la question des otages.

Nous avons vu que dans ses premiers articles, Rochefort demande que l'on paie aux Prussiens leur indemnité de cinq milliards en mettant la main sur les biens du clergé.

Nous ne nous arrêterons point à insister sur l'ignorance économique qu'accuse un pareil projet. Car Rochefort n'a jamais eu la moindre prétention de s'y connaître en matière de finances. A peine s'il s'y connaît assez pour débattre ses intérêts avec ses éditeurs. Il est la proie de tous ceux qui veulent administrer ses journaux. Il ignore la valeur de l'argent, et ne sait refuser un service à qui le lui demande. Mais nous ferons remarquer que plus d'une fois Rochefort voit une question matérielle là où d'autres, véritablement philosophes, ne verraient qu'une question d'idées. La question des biens du clergé le tracasse. Peut-être est-ce affectation de sa part.

Le *Mot d'Ordre*, du 8 avril, contenait la note suivante sans signature :

« Il paraît certain que l'arrestation de l'archevêque Darboy, du curé de la Madeleine, ancien confesseur de l'impératrice, et de divers autres prêtres se rattache à des tentatives de détournement des biens du clergé, déclarés, comme on sait, biens nationaux.

» Notons en passant que le trésor de Notre-Dame, composé d'une collection d'objets précieux de toutes les époques, pour la plupart ornés de diamants et de pierreries inestimables, vaut à lui seul plusieurs millions (1).

(1) On s'imagine toujours que ces châsses et ces couronnes de diamants représentent des valeurs considérables La Commune de Paris de 1793 fut victime d'une erreur analogue quand elle fit saisir et porter à la Monnaie le trésor de sainte fausse gloire, faux miracles, faux or et fausses pierres ! !

« Nous engageons fortement les membres de la Commune et le délégué civil à la préfecture de police, à s'assurer de l'intégrité de cette collection. »

Le *Mot d'Ordre*, du 14 avril, contient le corollaire de cet article maladroit, mais dont peut-être l'intention était bonne, ou, au moins, avait pour but de détourner la colère populaire.

L'ÉGLISE ET SES TRÉSORS.

Le *Mot d'Ordre* reçoit de plusieurs journaux et de quelques correspondants des reproches d'une certaine dureté pour avoir soulevé le voile qui dissimulait aux réquisitionneurs le trésor de Notre-Dame.

Non-seulement le *Mot d'Ordre* ne songe pas à désavouer le concours qu'il a pu prêter à cette capture, mais il déclare que s'il connaissait quelque part un autre trésor appartenant au clergé, il se hâterait de l'indiquer de nouveau à la Commune.

Notre croyance éternelle sera que, Jésus-Christ étant né dans une étable, le seul trésor que Notre-Dame doit posséder dans sa trésorerie, c'est une botte de paille. Quant aux saints ciboires enrichis d'émeraudes et aux émeraudes enrichies de saints ciboires, nous n'hésitons pas à les déclarer propriétés nationales, par ce seul fait qu'elles proviennent des générosités de ceux à qui l'Église a promis le paradis; et la promesse faite de bénéfices imaginaires pour extorquer des valeurs quelconques est qualifiée escroquerie par tous les codes.

Pourquoi est-il interdit à un médecin d'hériter de son malade? parce qu'on suppose que, grâce à la peur de la mort, le premier aura pu tourner le cerveau du second et l'amener à le coucher sur son testament en échange de la vie sauvée.

Les prêtres et l'Église qui les enrégimente sont dans le même cas. Nous ignorons comment les premiers chrétiens comprenaient la religion, qui a été depuis si étrangement revue, corrigée et augmentée; mais, à cette heure et depuis des siècles déjà, elle est devenue le prétexte de tous les chantages et de toutes les menaces sous conditions.

C'est pourquoi nous aimons infiniment mieux voir la Commune faire des réquisitions dans les églises que chez les négociants.

« La bourse ou l'enfer, » tel est aujourd'hui l'unique programme du clergé catholique, et comme la nation française ne croit plus à l'enfer, il est tout simple qu'en cas de besoin elle reprenne la bourse.

HENRI ROCHEFORT.

Mais il prend hautement la défense de Chaudey. Chaudey a été attaqué dans le *Mot d'Ordre* à l'insu de Rochefort dès le commencement d'avril. Il réclame. Rochefort désavoue immédiatement l'article. Quelques jours après, Chaudey est arrêté, Rochefort écrit de sa meilleure plume l'article suivant :

M. Chaudey, l'un des principaux rédacteurs du *Siècle,* a été arrêté, ainsi que nous l'avions annoncé, sous une accusation qui n'a pas encore été précisée.

On l'a transporté de la Conciergerie à Mazas, où sa femme elle-même n'a pas encore pu le voir.

Il y a dans la Commune, et nous ne songeons pas à nous en plaindre, un certain nombre de partisans des idées de Proudhon.

Il est assez singulier que les disciples se montrent envers M. Chaudey plus sévères que le maître, qui l'avait trouvé assez républicain pour en faire son exécuteur testamentaire.

Malheureusement Rochefort a partagé les coupables illusions de la *Ligue de conciliation.* Il ne comprend pas qu'il faut que force reste à la loi. Il ne peut faire la différence entre la Commune et le gouvernement de la défense nationale. Il ne voit pas qu'il y a *insurrections et insurrections* comme *fagots et fagots.* Pour lui, M. Thiers n'est pas seulement le *roi des capitulards,* c'est un Badinguet. Rochefort a eu tant de succès si légitimes avec Napoléon qu'il ne veut pas changer sa manière, qu'il rétablit l'empire afin de pouvoir à son aise valser sur la tête de l'empereur. Il lui faut une tête de Turc... N'ayant plus Bonaparte il prend Thiers... O art... tu finis par dominer l'article lui-même et l'on voudrait nous faire croire à la réalité brutale d'un matérialisme sauvage... Cette erreur inspire à Rochefort l'article suivant :

LES PROPOSITIONS DE M. THIERS.

Il est évident que depuis son installation à Versailles, M. Thiers, pour s'étourdir, se livre à la boisson. Un vieillard, en état d'ivresse, a seul pu, en effet, adresser aux délégués de la *Ligue des droits de Paris,* la réponse dont on riait si haut hier soir sur les boulevsrds.

Halluciné par les vapeurs du dernier banquet auquel il a été invité les grandes puissances, le dictateur de Seine-et-Oise se voit déjà faisant son entrée dans Paris à la tête de ses fidèles sergents de ville, et c'est au moment même où nous gardes nationaux viennent de les déloger des positions de Neuilly, qu'il prend avec la capitale les allures d'un Ali-Pacha :

« En ce qui touche les franchises municipales, Paris en jouira comme toutes les autres villes, d'après la loi commune, telle qu'elle sera élaborée par l'assemblée des représentants de la France. »

M. Thiers a le vin comique. On vient lui annoncer que les franchises municipales qu'on nous refuse depuis vingt ans nous venons de les prendre, que nous les possédons et que nous n'avons aucune envie de les lâcher ; il déclare alors qu'il consultera les éleveurs de la chambre pour savoir s'il peut nous les accorder. Vous figurez-vous les vingt arrondissements attendant dans une anxiété profonde l'opinion de M. Prax-Paris pour savoir s'ils éliront ou s'ils n'éliront pas leur Commune?

Ce même Thiers, qui nous conteste nos franchises communales sans paraître s'apercevoir que c'est parce qu'on nous les refusait que nous les avons prises, veut bien consentir à ne pas sévir contre les gardes nationaux qui mettront bas les armes et rentreront dans leurs foyers. Cette dernière concession atteste une démence alcoolique de plus en plus prononcée. Mais les gardes nationaux qui ont pris les armes contre les bestiaux de Versailles, c'est tout Paris ! On se demande, conséquemment, comment s'y prendrait bien Thiers le Victorieux pour faire passer en jugement trois cent mille hommes, sans compter les femmes et les enfants, qui, dans la mesure de leurs forces, prennent aussi part à la lutte.

En admettant qu'il ne faille pas plus de dix minutes pour l'exécution de chaque rebelle, ce qui est contestable, même en y mettant la promptitude de Vinoy assassinant le général Duval, le chef de l'exécutif n'aurait pas assez de cinq années de fusillades journalières et à jet continu pour arriver à purger la terre de tous ceux qui se sont soulevés contre ce petit despotaillon.

Il serait depuis longtemps mort de vieillesse que ses conseils de guerre fonctionneraient encore. On comprend donc ses réserves à l'égard des trois cent mille hommes auxquels il veut bien promettre la vie sauve.

En un mot, offrons au héros de la rue Transnonain d'aller le chercher à Versailles pour l'installer au palais de l'Elysée jusqu'à la fin de ses jours, avec un pouvoir sans limites, accompagné d'énormes appointements; et à ces conditions, il veut bien consentir à ne plus éventrer systématiquement les enfants et les femmes qui traversent l'avenue des Champs-Élysées pour aller chercher leur café le matin.

Si j'ai insinué plus haut que M. Thiers noyait ses inquiétudes dans le vin bleu, c'est qu'un homme qui, avec ses seuls émoluments de ministre, a trouvé moyen de se faire construire place Saint-Georges un hôtel de deux millions, ne peut être un imbécile. Or, ses réponses aux membres de la *Ligue des droits de Paris* sont incontestablement d'un abruti ou d'un amant des liqueurs fortes.

Eh bien ! puisque le berger du troupeau de fuyards, qui broute l'herbe à Versailles, a un aussi grand besoin d'être édifié sur les sentiments de la population parisienne à l'égard de sa bande et de lui-même, nous allons lui donner nos conditions comme il nous a posé les siennes :

Il nous livrera Vinoy, Galiffet, Jules Favre, Picard et Mac-Mahon, qui défileront, enchaînés deux à deux jusqu'au rond point des Champs-Elysées.

Les fils, les femmes, les pères et les frères des gardes nationaux tués par les obus de ces Prussiens d'outre-Seine seront alors convoqués au même endroit, et à midi pour le quart on leur livrera les captifs avec autorisation spéciale d'en faire ce qu'ils voudront.

Et s'ils délivrent leurs prisonniers pour les porter en triomphe à l'hôtel de ville, nous nous eugageons à ne pas les en empêcher.

Voilà notre ultimatum. Nous sommes convaincu que Paris déposera les armes le jour où M. Thiers consentira à l'accepter.

HENRI ROCHEFORT.

M. Thiers, M. Thiers... comme si M. Thiers était dictateur... A peine si Napoléon l'était dans son meilleur temps.

Peut-être dans cette circonstance encore Rochefort fait-il comme Hamlet lorsqu'il singeait la folie, et qu'il était sujet à ses sublimes accès de raison. Peut-être cherche-t-il à montrer que les efforts de cette ligue de Paris sont frappés d'impuissance! Que demandaient, en effet, Stupuy, Bonvalet et les autres restaurateurs? N'était-ce pas en réalité qu'il livrât Jules Favre, Mac-Mahon, Galifet, Vinoy... que disons-nous, qu'il se livrât lui-même!

Ses réponses à la *Ligue des droits de Paris*, — quels droits? les droits réunis, sans doute, sont bien d'un abruti qui aime le vin bleu et les liqueurs fortes... Quoi! l'éloquent Bonvalet n'a point la force de le convaincre de la nécessité de donner de bonne grâce tout ce que l'insurrection ne peut prendre? Quoi, le malheureux! il tient à venger l'accident de la rue des Rosiers!

Au fond cet article est peut-être une satyre de la proclamation dans laquelle Cluseret repousse toute idée de capitulation. En tout cas, cette idée lui inspire la boutade suivante :

POLITIQUE ET ARGENTERIE.

M. Jules Favre et ses collègues qui, pendant le siége, ont fondu si peu de canons, se plaignent que la Commune ait fondu quelques pièces d'argenterie. Il est cependant impossible que M. Favre ait oublié que, dès le 8 septembre, M. Ernest Picard, ministre des finances du gouvernement de la défense nationale, est venu apporter au conseil la proposition d'envoyer à la Monnaie, pour y être convertis en lingots, les couverts, plats d'argent et orfévrerie de table qui abondaient au palais des Tuileries.

Cette mesure fut adoptée sans discussion, et elle eût sans aucun doute été exécutée si le manque de numéraire s'était fait sentir le moins du monde.

Il est clair cependant que M. Picard se croyait le droit de proposer cette opération comme M. Jules Favre de l'accepter. Or, d'où vient que lesdits Picard et Jules Favre, qui se sont nommés eux-mêmes et se sont installés à l'hôtel de ville de leur propre consentement, auraient la faculté de fondre de l'argenterie, tandis que la Commune, nommée par cent cinquante mille électeurs, ne l'aurait pas?

« Je suis Favre, je suis Picard, moi, je peux fondre l'argenterie des Tuileries. Toi, qui es Malon, Cournet ou Varlin, tu ne peux pas la fondre. » Voilà à peu près toute la théorie politique des avocats qui se sont fait récemment naturaliser Versaillais.

A seule fin que le ministre de l'intérieur, qui couche aujourd'hui dans le lit de madame de Montespan, perde toute envie de nier le fait que j'avance, je lui rappellerai qu'il a eu le même soir un autre bon mouvement financier, en conseillant au gouvernement de décréter la vente des diamants de la couronne, estimés cinquante millions par les experts les plus modérés.

C'est uniquement parce que, dans la crise que la France traversait alors, on aurait eu quelque peine à en trouver plus d'une vingtaine de millions, que la vente fut ajournée; mais il ne vint à l'esprit d'aucun des membres du conseil que le gouvernement de la République ne fût pas le maître de vendre, pour soulager les misères de la nation, les insignes et les ornements de la monarchie.

Il faut que nos défenseurs d'hier, bombardeurs d'aujourd'hui, en fassent leur deuil. Le gouvernement dont ils faisaient partie a été remplacé par un autre qui, jouissant des mêmes droits que le leur, est obligé d'en user quand la nécessité l'exige.

Les joyaux de la couronne ont été, si mes souvenirs sont exacts, déposés par M. Picard à la Banque où ils doivent être encore, à moins que ce financier n'ait eu l'idée de les en extraire pour les emporter à Versailles.

Nous ne nous ferions aucun scrupule, si nous nous appelions la Commune, de négocier, même au rabais, ces parures inutiles. Au cas où le monarque que l'assemblée de Seine-et-Oise nourrit le projet de nous offrir, se verrait forcé de se contenter d'une couronne en chrysocale enrichie de cailloux du Rhin, où serait le mal? En ce moment, nous n'avons pas besoin de saphirs pour les rois, mais de munitions contre les royalistes, et nous serions heureux, pour notre part, de voir le *Régent* nous aider à repousser... la Régence.

HENRI ROCHEFORT.

De Clément Thomas et de Lecomte on ne parle point à Paris... Rochefort n'a point trempé ses mains dans ce sang... lui... il peut, à la rigueur, oublier le crime commis. Jamais il ne fait allusion à ce double crime prémédité, qui rendait tout arrangement infâme, qui faisait que Thiers devait repousser les baisers de tous les Bonvalet, de tous les Marestaing, de tous les francs-maçons du monde.

Notre ami M. Vrignault, rédacteur du *Bien Public*, proteste dans le journal occulte qu'il publie secrètement, malgré les sbires de la Commune, aussi maladroits qu'ils sont impitoyables. La réponse de Rochefort est digne de l'article qui a provoqué la polémique.

M. Vrignault, du *Bien Public*, nous reproche courtoisement d'avoir, dans notre article d'hier, poussé à la vente, fût-ce au rabais, des diamants de la couronne.

Traqué et décrété d'accusation, M. Vrignault a droit à tous les égards, car c'est le légitime bénéfice de la persécution de rendre inattaquables ceux qui en sont l'objet. Nous répondrons donc au rédacteur en chef du *Bien Public*, qui nous reproche d'entrer dans une mauvaise voie, que nous suivons dans cette affaire celle qui nous a été ouverte par M. Picard lui-même.

C'est ce ministre qui a émis le premier l'avis de négocier les perles et les brillants impériaux et royaux qui foisonnaient au garde-meuble. Nous nous sommes contentés d'appuyer énergiquement la proposition de ce quatre-septembriseur, qui ne passe pas précisément pour un révolutionnaire.

Pour la seule et unique fois que nous nous sommes trouvés de l'avis de M. Picard, il faut qu'un journal modéré nous en fasse un crime, c'est jouer de déveine.

Quelle que soit du reste, à cette heure, l'opinion de

l'ancien ministre des finances, devenu ministre de l'intérieur, la nôtre est restée la même. L'acteur Potier avait été appelé, après une brillante soirée, dans la loge de Charles X. Après de vives félicitations sur son talent, le roi lui dit gracieusement :

— Vous qui prisez, M. Potier, que penseriez-vous d'une grosse tabatière entourée de petits diamants ?

— Sire, répondit Potier, je préférerais un gros diamant entouré de petites tabatières.

Cette réponse est à peu près la nôtre. Nous serons toujours d'avis qu'il vaut mieux acheter les canons dont nous avons besoin avec le prix de diamants inutiles, que d'employer les canons qui nous restent à protéger des diamants dont nous n'avons plus besoin.

HENRI ROCHEFORT.

L'article qui suit est également inspiré par un sentiment généreux. Réclamer la liberté de Lockroy est un devoir pour Lochefort, mais Rochefort sais bien que sa réclamation sera nulle.

La démission de Rochert a été malheureuse. Celle de Lockroy a été séditieuse. Quant à nous, Lockroy ne nous interne pas au même titre. Il a du talent, mais le génie serait déclaré inviolable que Lockroy pourrait très-bien être déporté.

COBLENTZ ET PARIS.

Les battus de Versailles, se voyant dans l'impossibilité de faire des prisonniers dans la garde nationale, sont arrivés à s'en prendre aux piétons qui passent les portes de Paris pour aller respirer dans la campagne l'air embaumé du matin.

Le *Paris-Journal*, qui nous parvient par des voies détournées, et qui devrait s'intituler le *Versailles-Journal* puisque c'est là qu'il se publie, annonce, sans autre feuille de vigne, que M. Lockroy a été arrêté hier à Neuilly où il se promenait en bourgeois.

Les Seine-et-Oisillons qui tressautent d'horreur à la nouvelle des arrestations souvent condamnables, nous le reconnaissons, que se permet la Commune, voudront bien nous expliquer de quel droit et sous quel prétexte leur gendarmerie mobilisée a appréhendé au corps un citoyen contre lequel aucun mandat d'arrêt n'a été lancé.

Est-ce parce que le citoyen Lockroy a donné sa démission de membre de l'Assemblée de Versailles, et va-t-on le réintégrer de force dans la salle des séances, dans l'espoir que les discours de Prax-Paris et de Barascut finiront par le convertir?

Est-ce parce qu'il a publié dans le *Rappel* des articles où Vinoy le fuyard et Ducrot le bien portant n'étaient pas précisément hissés sur des colonnes trajanes?

Nous ne doutons pas que le pontife qui office à Versailles ne prépare à la presse pour le mois de mai une de ces lois de septembre comme lui seul sait les rédiger. Mais en attendant qu'il soit muselé, le journalisme est libre et il est impossible, au rural le plus tortueux, de découvrir un décret qui depuis le 4 septembre empêche un écrivain de qualifier Vinoy de pandour et Ducrot de cabotin.

Notre confrère n'a pas été pris les armes à la main, puisque le *Versailles-Journal* raconte qu'il était en habit bourgeois et qu'il se promenait. Son seul délit serait donc d'habiter Paris, au lieu d'avoir suivi les ducs d'En-Face qui ont cherché un refuge dans le département d'à côté.

Rester dans la capitale, quand tout ce qu'on peut compter de bien dans la poltronnerie française, émigre à Versailles, tel est évidemment l'acte dont le triumvirat Thiers, Picard et Favre, est en train de faire un délit. De sorte que ce sont les couards et les déserteurs qui, de l'autre côté de la Seine, sont considérés comme de purs patriotes, tandis que nous qui poussons l'ingratitude jusqu'à garder notre poste dans la ville qui nous a élus, en nous chargeant de la défendre, nous sommes pour ce seul fait décrétés d'arrestation.

Le crime « d'habitation » n'avait été jusqu'ici prévu par aucun code. Eh quoi! lorsque toute la partie saine de la population s'est héroïquement sauvée jusqu'à Trianon, vous continuez à loger rue du Faubourg-Montmartre, 43. Comment! nous errons autour de la pièce d'eau des Suisses, et vous persistez à arpenter l'asphalte du boulevard des Italiens? Mais c'est de la rébellion pure et simple. Général Vinoy, empoigne-nous cet insurgé.

Voilà à quels raisonnements se livrent dans leur nouveau Coblentz les trois bonshommes en question. Nous ne serions pas surpris qu'ils n'arrivassent à s'arrêter eux-mêmes en songeant qu'ils ont été autrefois nommés par cette ville maudite. En attendant que M. Jules Favre et ses collègues demandent de nouveau pardon à Dieu et aux hommes de posséder des immeubles dans la Babylone moderne, et qu'ils fassent donation aux hospices de toutes les maisons qu'ils y ont fait bâtir, on cherche par quels moyens les magistrats qui rendent aujourd'hui, à Versailles, la justice sous un chêne, vont se tirer de l'affaire Lockroy, à moins qu'un Galiffet quelconque ne le fasse passer dans un champ pour l'y fusiller sans jugement comme le général Duval.

Quant à l'accusé, sa défense est bien simple. La seule réponse qu'il ait à faire à ses juges est celle-ci :

« M. Thiers a déclaré publiquement que le personnel de l'insurrection de Paris se composait de vingt mille repris de justice. Je ne suis pas repris de justice : donc, je n'ai pu prendre part à l'insurrection de Paris. »

HENRI ROCHEFORT.

Lockroy a écrit dans le *Rappel*, le *Rappel* était l'organe officieux du comité de la garde nationale. Pour le malheur de Lockroy le *Rappel* ne fut pas supprimé comme le *Mot d'Ordre*. Vinoy a été plus clément pour le *Rappel* que ne le sera l'histoire. Mais l'histoire sera impitoyable pour la feuille hugolâtre.

Le jour du vote, pour les élections complémentaires, Rochefort a écrit un article très-franc, très-net, qui pose carrément la question. C'est la Commune qui se trouve placée devant ses électeurs, c'est Paris qui va donner son verdict.

LE VOTE D'AUJOURD'HUI.

Si l'indifférence en matière de religion est un fléau, l'indifférence en matière politique est pour un peuple la dernière des misères. Le vote d'aujourd'hui trouble peut-être bien des consciences, et nous craignons que l'abstention, qui est l'argument le plus facile à employer, ne soit l'élu principal du 16 avril.

C'est dans ce péril que nous supplions la population d'aller aux urnes. Votez pour qui vous voudrez : pour Chaudey, qui est arrêté, ou pour Gaillard père, qui est délégué aux barricades, mais votez.

Si la Commune se heurte à une opposition, tant mieux; elle n'en défendra ses plans et ses principes qu'avec plus d'énergie. Si elle se complète, au contraire, avec des hommes de sa nuance, tant mieux aussi; elle n'en prendra ses résolutions qu'avec plus d'ensemble.

L'essentiel c'est qu'aux divagations des journaux de Versailles nous puissions opposer un nombre sérieux de bulletins. Le Thiers peu consolidé qui gouverne l'assemblée anti-nationale a déclaré que « l'insurrection » parisienne se composait de vingt mille repris de justice. La seule réponse à faire est de lui prouver qu'elle se compose de deux cent mille citoyens.

HENRI ROCHEFORT.

Quand même tout Paris aurait voté l'insurrection, aurait eu au front le sang des deux assassins de la rue des Roziers, ce sang dont la Commune a revendiqué hautement la responsabilité, ce sang qui retombe aujourd'hui sur sa tête, on pourrait toujours dire aux membres du gouvernement infâme *assassins et mouchards*.

L'article qui suit le vote est une mercuriale adressée aux abstentionistes. Elle serait coupable si elle n'était excusée, mais le passage que nous soulignons à dessein le rachète.

LES DANGERS DE L'ABSTENTION.

Les ennemis de la Commune, et il ne faut pas qu'elle s'abuse, elle en a un certain nombre, après s'être fait un devoir de ne pas voter, se font une joie de déclarer que les nominations de ceux qui n'ont pas obtenu le huitième des voix des électeurs inscrits sont absolument nulles.

C'est tout à fait notre avis, ces nominations sont nulles : mais que les ennemis de la Commune nous permettent de le leur déclarer : le triomphe qu'ils croient avoir remporté dimanche n'est en réalité pour eux que la plus grave des défaites.

Que reproche-t-on au gouvernement installé à l'hôtel de ville? Son pouvoir dictatorial. Or, quand ce gouvernement, comprenant lui-même que le suffrage universel peut seul lui donner la solidité dont il a besoin, appelle tout le monde au scrutin, même ses adversaires, ce sont ceux-là surtout qui se donnent le mot pour ne pas répondre à cette invitation.

« Vous nous reprochez, dit la Commune, d'être si peu au complet, qne nous représentons à peine les deux tiers de la population parisienne, et quand nous cherchons à nous compléter en procédant à de nouvelles élections, vous refusez d'y prendre part. Nous demandons à nos ennemis de nous envoyer des hommes, dussent-ils nous combattre, et ils ne nous les envoient pas. Nous sommes bien obligés de nous en passer. »

Refuser aux membres de la Commune le complément qui leur manque pour constituer une représentation régulière, c'est tout bonnement les forcer à prendre la dictature. Vous n'avez plus alors le droit de vous plaindre s'ils l'exercent, puisque c'est vous qui la leur avez donnée.

Le commandant du 74e bataillon de la garde nationale vient d'être condamné à mort par la cour martiale. Ce jugement est, à cette heure, soumis à la sanction de la commission exécutive qui, nous en avons la conviction, va se hâter de le casser. Quant à moi, je le dis ici en mon nom, comme au nom de ceux de mes amis qui ont bien voulu devenir mes collaborateurs, le jour où les boucheries commenceraient, le Mot d'Ordre *aurait vécu. Lorsque le futur battu de Sedan déclara à la Prusse cette guerre inepte dont il n'était que trop facile de prévoir le dénoûment, je déclarai en tête de la* Marseillaise *que je supprimais volontairement mon journal, notre état consistant à discuter les questions politiques ou sociales, et non à compter les hommes tombés sur un champ de bataille pour la plus grande gloire de deux despotes aussi méprisables l'un que l'autre.*

Le *Mot d'Ordre*, pas plus que la *Marseillaise*, ne fera le métier de greffier de la morgue. C'est dire que le premier coup de fusil reçu par un citoyen en vertu d'un arrêt visé par la Commune sera le signal de notre disparition. Ceci établi, si la peine de mort prononcée hier contre le chef de bataillon Giraud recevait, par malheur, son exécution, ceux-mêmes qui se récrieraient le plus contre cette violence en seraient, dans une certaine mesure, responsables; car s'ils étaient allés au scrutin au lieu de rester malicieusement chez eux le jour du vote, peut-être auraient-ils, avec les trente élections nouvelles auxquelles ils étaient conviés, modifié la majorité de la Commune de façon à sauver la vie du condamné de la cour martiale.

Quatre journaux, dont l'*Officiel* nous annonce l'étranglement sommaire, auraient peut-être en même temps échappé au trépas. Mais quand on vous demande votre avis et que vous refusez de le donner, vous êtes mal venus à vous plaindre qu'il n'ait pas été suivi.

Nous ignorons, à parler franchement, ce que désirent au juste les abstentionnistes, et tant qu'ils persisteront à rester la main fermée et la bouche close, il est clair que nous ne le saurons jamais. Il n'y a donc rien de surprenant à ce que les hommes de l'hôtel de ville, qui ne le savent pas davantage, agissent sans s'inquiéter des aspirations de ceux qu'ils ont interrogés et qui n'ont pas voulu leur répondre.

L'abstention s'est jouée à elle-même, dimanche dernier, le bon tour qu'elle a cru jouer à la Commune.

Les reproches qu'on fait à la Commune sont d'être complice de la Prusse, ou au moins de faire ses affaires, d'ébranler la république pour le compte de l'infâme Bonaparte, de déshonorer la révolution.... Voilà les reproches sanglants que l'on peut, que l'on doit lui jeter à la face; mais ces reproches, il est défendu à Rochefort d'en parler. Il faut qu'il étouffe le cri de sa conscience... lui, qui a un sens exquis de justice quand il n'est point aveuglé.

Il faut qu'il se borne à parler, et cela non sans grands risques de quelques reproches véniels, de quelques vices de forme. Admirons cependant les phrases que nous avons mises en italiques.

Dans ce beau passage Rochefort fait allusion à une des circonstances les plus honorables de sa vie politique. Rochefort supprima, en effet, la *Marseillaise* le 15 juillet 1870, lorsque l'empire déclara la guerre insensée où il devait disparaître dans des flots de sang... Et Rochefort était en prison... il fit mis au secret.

Deux hommes protestèrent, l'un au Corps législatif, c'était Thiers, l'autre à Satnte-Pélagie, c'était Rochefort... Rochefort n'aurait pas dû l'oublier. Thiers sans doute ne l'oubliera point, et il oubliera sans doute qu'on l'a appelé Foutriquet.

Le lendemain Rochefort revient à la charge, c'est pour demander avec énergie un second tour de scrutin. On n'avait que trop voté déjà pour la Commune. Malgré la terreur, malgré la fraude, malgré la supercherie, les vrais communards n'étaient point assez. Mais pour recommencer la parodie infâme.

LE SECOND TOUR.

Le *Mot d'Ordre* avait prêché 'e vote à outrance. C'est l'abstention qui a triomphé. Le résultat des élections communales de dimanche prouve d'abord que nous n'avons aucune influence, ce qui nous afflige, et ensuite que la Commune perd du terrain, ce qui nous afflige bien davantage.

Quelque bonne volonté qu'on y mette, il est impossible en effet de ne pas se rallier à l'opinion si bien exprimée dans le *Vengeur* par le citoyen Rogeard. Il ne nous est pas permis de considérer comme les élus de Paris les vingt candidats qui, sur une moyenne de vingt et un mille électeurs par arrondissement ont obtenu chacun deux mille voix, et il n'est pas plus permis à la Commune de les admettre dans son sein, comme elle a eu le tort grave de le faire pour quatre ou cinq des premiers élus, quoiqu'elle eût alors l'excuse d'une situation exceptionnellement révolutionnaire.

Nous ne pouvons supposer aujourd'hui que le gouvernement établi à l'hôtel de ville ne décrète pas dans le plus bref délai un second tour de scrutin. Reconnaître comme valables des élections que la loi elle-même déclare absolument nulles, serait donner au suffrage universel un de ces crocs-en-jambe dont un pouvoir ne se relève pas.

Quand on se sent bien décidé à ne pas exécuter une loi existante, il faut l'abroger. Que la Commune décide qu'il suffira, pour siéger, du trente-deuxième des électeurs inscrits, nous nous inclinerons devant cette mesure dictatoriale, mais qu'elle prenne un parti, et que ce ne soit pas celui de valider des élections qu'elle a elle-même déclarées invalidables.

Puisque le huitième des électeurs est nécessaire pour être nommé, il est clair qu'on ne peut être nommé quand on n'en a atteint que le douzième, sans quoi le premier candidat venu se croira le droit de venir prendre part aux séances de l'hôtel de ville, et quand on lui demandera ce qu'il fait là, il sera dans une certaine mesure autorisé à répondre :

« J'ai eu deux voix : la mienne et celle de mon fils aîné. C'est le douze millième des électeurs inscrits, mais comme il n'y a à cet égard aucune base établie, je ne vois pas pourquoi j'hésiterais à me considérer comme élu. »

Un nouvel appel aux électeurs est donc indispensable, si la Commune veut conserver, nous ne disons pas seulement son prestige, mais même son autorité.

Henri Rochefort.

Par quelle opération miraculeuse un nouvel appel aux électeurs aurait-il pu corriger l'irrégularité flagrante des premiers votes faits au tambour, sans profession de foi, sans réunion électorale, sans mandat défini..., et les comparses de la Commune échappés aux fusillades, on sait pourquoi ils protestent d'avance contre les élections municipales! Que ces grands docteurs en droit constitutionnel qui ont recommandé aux électeurs Bouvalet, Laurent Pichat et les autres se chargent de montrer ce que des élections complémentaires auraient pu faire... quant à nous, nous n'aurions jamais conseillé à lady Macbeth d'acheter un peu de savon pour mieux laver ses mains la nuit, après le meurtre du roi.

La Commune ne répondit point et ne pouvait répondre. Cette organisation infâme devait périr dans le crime écrasé par le sang de Thomas et Lecomte. Rochefort devait pour son honneur lutter bientôt contre de nouvelles haines, de nouvelles dénonciations. Ce timide appel à la légalité, au bon sens devait être imputé a crime par les farouches qui successivement devaient organiser tous les crimes, et n'en laisser aucun en dehors de leur programme. Ne fallait-il point être débarrassé par une catastrophe sans exemple de cette théorie affreuse. « La Révolution pour la Révolution; » théorie contre laquelle s'était élevé avec tant d'éloquence Robespierre, Robespierre qui lui-même aurait été fusillé comme otage! Il était suspect à Raoul Rigault, depuis que Raoul Rigault savait lire... Il croyait à l'Être suprême.

L'article qui suit indique une nouvelle phase dans la polémique du *Mot d'Ordre*. A partir de ce moment commence la décadence de la Commune ébranlée *au dedans* par les succès des Versaillais et au dedans par l'insuccès du vote. Cluseret va être arrêté. Le comité de conciliation ayant échoué va se borner à demander la fameuse trêve de Neuilly. Les francs-maçons vont essayer leur ridicule démonstration. Rochefort menacé va être obligé de sacrifier à sa sûreté personnelle. Ses articles vont être un mélange de bien et de mal. Il va être obligé d'osciller tantôt du côté de la raison, tantôt du côté de la folie, pour ne point éprouver le sort des otages.

LES INJURES GOUVERNEMENTALES.

Je suis insulté dans les termes suivants par le sieur Vésinier, membre de la Commune à la minorité de faveur (pas même le huitième), et rédacteur d'un journal auquel collaborent deux autres membres du gouvernement de l'hôtel de ville :

« Un journal qui a la prétention d'être républicain et qui, chaque jour tourne de plus en plus au *Figaro*, se livre à des charges à fond contre les dernières élections. L'ancien acolyte de son rédacteur en chef, le sieur Villemessant, ne ferait pas mieux.

« Voici son chef-d'œuvre d'argumentation :

« J'ai eu deux voix : la mienne et celle de mon fils
« aîné. C'est le douze millième des électeurs inscrits, mais
« comme il n'y a à cet égard aucune base établie, je ne
« vois pas pourquoi j'hésiterais à me considérer comme
« élu. »

« On peut juger d'après cet échantillon du sérieux de son auteur.

« Décidément il fera bien de rentrer au *Figaro*, d'où il n'aurait jamais dû sortir, dès que cet honnête journal reparaîtra. »

L'être biscornu qu'on appelle Vésinier et dont l'aspect comme le style donne plus envie de vomir que de discuter, mériterait que je lui fisse observer qu'il est bien maladroit à lui de parler de cordes dans la maison d'un pendu, son propre rédacteur en chef, membre comme lui du gouvernement, ayant été naguère non-seulement rédacteur du *Figaro*, mais collaborateur à l'*Étendard* de l'escroc Jules Pic et à l'*Époque* du ministre Clément Duvernois.

Mais Vésinier, qui n'a jamais été grand'chose nulle part, est moins que rien dans cette affaire, et l'idée de soutenir une polémique contre cette racine de buis ne me vient même pas, ma personnalité ne me semblant pas engagée ici le moins du monde. On sait, en effet, que je suis entré au *Figaro* pour y dire toute ma pensée et que j'ai dû le quitter parce que je la disais. Ce qui est grave, et ce que je tiens à constater, c'est que la Commune, tout en s'appliquant le droit de supprimer les feuilles qui l'attaquent, laisse tranquillement trois de ses membres rédiger un journal où sont outragés des républicains qui, eux, n'ont aucun moyen même illégal de supprimer les papiers qui les vilipendent.

Puisque la Commune possède l'autorité voulue pour faire taire ceux qui l'insultent, elle, je la somme d'employer cette autorité pour empêcher qu'on ne m'insulte, moi. Elle ne peut pas arguer des immunités dont jouit la presse, puisque dix journaux gisent actuellement sur le carreau. Dire aux journalistes qu'elle compte dans son sein :

« Traînez aux gémonies ceux qui vous déplaisent ou vous font concurrence, ce n'est pas moi qui m'y opposerai. En revanche, je me réserve de briser toutes les plumes qui porteront atteinte à ma souveraineté. »

C'est, en repoussant toute tentative dirigée contre soi, accepter jusqu'à un certain point la responsabilité des calomnies ou des injures dirigées contre d'autres. Et si on réfléchit que ce sont les dépositaires eux-mêmes de ce pouvoir extraordinaire qui procèdent ainsi impunément à la démolition de leurs confrères en journalisme, on est fondé à se demander si ce n'est pas la Commune qui signe elle-même les ordres d'éreintement, et si après avoir supprimé publiquement ceux qu'elle considère comme des royalistes, elle n'essaierait pas de faire dépopulariser sournoisement, par ses Vésiniers ordinaires les hommes qu'elle ne pourrait décemment désavouer comme républicains.

Dès le 4 septembre, j'ai demandé constamment les élections de la Commune au gouvernement, que j'ai quitté devant l'obstination scandaleuse qu'il mettait à les refuser. Le 30 mars, le *Mot d'Ordre*, suspendu par le stupide Vinoy, n'a reparu que pour soutenir et affirmer le vote populaire de l'avant-veille. Toutes les impertinences des

Vésinier connus, eussent-ils obtenu ce fameux huitième après lequel ils courent encore, ne modifieront en quoi que ce soit, on le pense bien, des opinions aussi arrêtées que les nôtres sur les questions communales; mais si le gouvernement de Paris persiste à laisser ainsi quelques-uns de ses membres faire le coup de poing dans des colonnes de journaux, nous croyons devoir l'avertir que sa dignité y laissera des plumes, car en tolérant les grossièretés qui s'y étalent, il s'en fait pour ainsi dire le complice. Or, ce serait réellement trop d'avoir à son service à la fois les suppressions et les injures.

HENRI ROCHEFORT.

De Vésinier, nous ne dirons rien... il y aurait trop à en dire.

De Vésiniers la Commune était pleine... fruits-secs gonflés qui se croyaient hommes d'État parce qu'ils avaient volé le pouvoir.... Il faut avoir pitié de ceux qui se repentent de leur sale orgie. Il faut avoir pitié non pour ces scélérats... mais pour la France. Tant de sang a coulé déjà que la République ne saurait encore avoir besoin d'un peu de sang impur. Le malade n'a que trop bu à tort et à travers. Cet article attire de la part du *gracieux Vésinier* une réponse qu'il est inutile de lire, et dont une courte note de Rochefort fera suffisamment comprendre la terreur.

Le gracieux Vésinier qui, en publiant dans son journal des feuilletons obscènes, donne la mesure des services qu'il peut rendre à la patrie comme membre de la Commune, annonce à ses lecteurs, pour toute réponse, que, SOUS L'EMPIRE, J'ÉMARGEAIS A LA PRÉFECTURE DE POLICE.

— Qui donc a pu révéler au gracieux Vésinier ce secret terrible que je croyais si bien gardé? Moi qui n'ai fait paraître la *Lanterne* que pour détourner les soupçons.

HENRI ROCHEFORT.

Rochefort, en effet, n'a jamais fait mystère de l'emploi qu'il occupait à l'hôtel de ville. S'il eût voulu, il eût pu citer bien d'autres employés d'Haussman parmi les magnats de la Commune. Il préfère répondre par une plaisanterie de bon goût comme il sait toujours les faire. C'est seulement le 30 mai 1868 que parut le premier numéro de la *Lanterne*. Que d'événements en quelques mois ont tourné autour de la tête de Rochetort.

L'article suivant du 25 avril excite au plus haut degré la fureur des communistes extrêmes.

LES EXCENTRIQUES.

Défions-nous des réactionnaires, mais défions-nous aussi des excentriques. Grâce à la publicité donnée récemment aux séances de la Commune nous avons appris qu'un des membres du gouvernement de l'hôtel de ville avait demandé l'arrestation immédiate du citoyen Félix Pyat, tandis qu'un autre demandait presque en même temps la suppression de tous les journaux pour ne laisser subsister que l'*Officiel*.

Le perroquet mélancolique qui habite aujourd'hui la la ville de Londres après avoir trôné si longtemps sous le nom de Napoléon III, dans la ville de Paris, rira évidemment beaucoup lorsqu'il lira le compte rendu de la séance où ces deux propositions également saugrenues ont été mises en avant. Rien, en effet, ne saurait être récréant pour lui comme de voir que le rêve, qu'il a caressé vingt ans, d'arrêter Félix Pyat, un de ses plus dangereux ennemis, et de supprimer d'un seul coup toutes les feuilles politiques, ce sont précisément deux membres de la Commune républicaine qui demandent à le réaliser.

En effet, s'il est question d'arrêter Félix Pyat, qui n'arrêtera-t-on pas? Nous n'avons pas mission de défendre le rédacteur en chef du *Vengeur*, qui saura bien s'expliquer dans son journal, mais nous ne pouvons oublier qu'il combat depuis trente ans pour les idées qui triomphent aujourd'hui.

Il peut exister à Paris un groupe de républicains qui regardent Robespierre comme un rétrograde, et qui s'écrient volontiers :

« Ce royaliste de Saint-Just! »

Mais nous aimons à croire que les originaux qui font partie de ce cénacle ne sont pas représentés dans les conseils de la Commune. Nous sommes donc extrêmement surpris que les paroles de l'inconnu, probablement désireux de se faire connaître, qui a osé prendre l'initiative de la monstruosité rapportée par l'*Officiel*, n'aient pas soulevé plus de protestations de la part des membres présents à la séance.

Seul, le citoyen Arthur Arnould s'est élevé avec énergie contre cette maladie contagieuse qui semble gagner les hommes de l'hôtel de ville de s'appréhender mutuellement au corps à la moindre controverse. On a reproché à la Convention de s'être décimée elle-même. Mais au moins elle se composait de sept cent cinquante membres, ce qui lui donnait de la marge. La Commune en compte à peine quatre-vingts, y compris les démissions, et du train dont elle y va, il lui faudrait à peine quelques repas pour s'entredévorer.

Du our joù les patriotes les plus sincères et les plus éprouvés se verront obligés de marcher sur des œufs sans les casser, et où on ne pourra plus se moucher dans un mouchoir blanc sans être accusé de travailler pour le comte de Chambord, la vie ne sera plus tenable. On annonçait, il y a déjà quelque temps, la mort du fameux duelliste Choquart qui avait eu dans sa vie un nombre illimité d'affaires d'honneur. Un jour qu'il collaborait à une comédie en plusieurs actes, il émit l'avis, qu'à la fin du premier, la jeune fille devait sortir par la porte de droite.

— Le jeune homme sortant déjà par cette porte-là, je crois, lui fit observer son collaborateur, qu'il serait mieux de lui faire prendre la porte de gauche.

— Alors, s'écria Choquart en prenant son chapeau, je suis un imbécile et un auteur sans l'ombre de talent; c'est là ce que vous voulez me dire, très-bien! je sais ce qu'il me reste à faire.

Un quart d'heure après, il envoyait deux témoins à son ami.

Choquart était légitimiste. On avait fini par le fuir comme une peste. Nous engageons fortement la Commune à éloigner d'elle les Choquarts républicains.

HENRI ROCHEFORT.

Ces républicains qui diraient ce *royaliste de Saint-Just* sont nombreux dans la Commune, ce sont les amis de Raoul Rigault. Lorsqu'il s'agit de fonder un Comité de salut public, cet énergumène en donna la preuve : on recueillit les votes motivés des membres de la Commune, comme l'avait fait la Convention lors du procès de Louis XVI. En votant pour le Comité, Rigault s'écria : « Espérant que le Comité de salut public sera en 1871, ce que l'on croit généralement, mais à tort, qu'il a été en 1793... je vote pour. » C'est la présence et je dirai même la prédominance de cette faction dégoûtante, qui rend la complicité de Delescluze particulièrement infâme, car Delescluze affichait constamment pour elle le plus profond mépris avant le 18 mars. Depuis on ne le vit jamais la flétrir. Il chercha, par une action combinée froidement, à la subalterniser et à s'en faire un instrument de règne.

La motion à laquelle Rochefort fait allusion a été faite par Mortier, ancien employé d'architecture. Ce jeune homme, absolument inconnu, était entré à la Commune parce qu'il avait été du Comité central, et sans doute son seul titre à faire partie du Comité central était l'absurde exagération de ses motions incendiaires. Nous ne savons ce qu'est devenu l'énergumène qui a inspiré à Rochefort un de ses mouvements d'indignation les plus honnêtes, et que Rochefort a dédaigné de nommer. Il ne pouvait rendre à cet excentrique coquin une justice plus ample.

La situation est grave. La grenouille communale Pyat cherche à rentrer dans son marais pour échapper à une issue qu'il est facile de prévoir. Lui qui blâmait si énergiquement les déserteurs, va être accusé lui-même, à son tour, de n'être qu'un déserteur. Une démission qu'il donne pourrait arrêter son arrestation. Il se hâte de la reprendre.

TOUS BRIGANDS.

Le représentant de Paris, Jean Brunet, ayant essayé de présenter devant les pensionnaires de la maison de santé, qu'on appelle improprement l'Assemblée nationale, quelques considérations relatives à la lutte actuelle et de nature à arrêter l'effusion du sang, la droite s'est écriée d'une voix convaincue :

« On ne traite pas avec des brigands ! »

Les premières élections communales ont réuni cent quarante mille votants. C'est évidemment de ces brigands-là que les députés de Versailles ont voulu parler. Si l'on y ajoute les quatre-vingts autres brigands nommés par les cent quarante mille précités, nous arrivons, comme brigandage, à un total qui frise l'invraisemblance.

Malheureusement, il se trouve, tant parmi les électeurs que parmi les élus, un certain nombre de ces brigands que le peuple avait précisément chargés, bien avant le 18 mars, d'aller le représenter à Bordeaux. Ainsi, le brigand Malon a obtenu cent trente mille voix, le brigand Delescluze, cent cinquante-trois mille, et le brigand Félix Pyat, cent quarante et un mille.

Que pensez-vous de cette ville étrange qui, sachant qu'elle possède dans son sein des bandits d'une espèce aussi dangereuse, au lieu de les mettre hors la loi et de leur courir sus, les charge d'aller défendre leurs intérêts contre les honnêtes représentants de Fouilly-les-Bestiaux et de Coulanges-les-Abrutis.

Ni hommes, ni femmes, tous brigands! telle est notre situation aux yeux des Versailles. Les journalistes qui, comme nous, appuient la Commune, brigands; les hommes politiques qui en font partie, brigands également. Il est vrai que les pensionnaires de la maison de santé dont nous parlons plus haut ont imaginé un moyen, jusqu'alors inconnu, de combattre le brigandage, c'est d'envoyer contre lui des honnêtes gens qui s'appellent Vinoy, Galiffet et même Canrobert, aujourd'hui officiellement installé à Versailles.

Le jour, en effet, où nous nous trouverons en face d'un sénateur, nommé récemment grand chancelier de la Légion-d'Honneur pour avoir proprement livré sa ville à l'ennemi, et où il nous sera donné de voir de près ce fameux maréchal qui a gagné son bâton sur le boulevard Montmartre dans le sang des enfants et les cervelles des vieillards, il y aura de quoi nous dégoûter du brigandage. Heureusement, ce mot a acquis depuis longtemps, dans la bouche des royalistes, une signification dont Paris a le droit de se montrer fier. Mil huit cent quinze a eu les brigands de la Loire, mil huit cent soixante et onze aura les brigands de la Seine.

HENRI ROCHEFORT.

Les brigands de la Loire représentaient une idée, les gueux des Pays-Bas également; ils ne protestèrent point contre le nom qu'on leur infligeait comme un stigmate; l'histoire les a vengés. Il n'en sera pas de même des brigands de la Seine.

LES MOUVEMENTS DE PROVINCE.

Tandis que M. Thiers ramasse ses petites jambes pour monter à l'assaut de Paris, la province s'agite, les républicains des départements se comptent, et on nous annoncerait demain que Bordeaux, Lyon, Périgueux, Limoges avec et y compris Marseille ont proclamé leurs communes, que nous en serions enchantés, mais peu surpris.

Nous le disons, quant à nous, nous comptons beaucoup, pour écraser les Versaillais, sur les batteries de la Porte-Maillot, mais nous comptons plus encore sur le mouvement des grandes villes. Le plus grand danger auquel soit exposé Paris, c'est son isolement. La solitude a des propriétés asphyxiantes, et il nous a paru de toute nécessité, dès le premier jour de la révolution nouvelle, que la capitale pût, à travers les lignes versaillaises, donner la main à quelqu'un. Lorsque ceux que les valétudinaires de l'Assemblée appellent volontiers des brigands se trouveront en correspondance avec d'autres brigands, occupant les principaux chefs-lieux, on sera peut-être obligé de reconnaître, même à Versailles, que ce brigandage pourrait bien être au fond le plus grand travail révolutionnaire qui se soit accompli depuis dix-sept cent quatre-vingt-treize.

Pressé de questions par les effarés de Seine-et-Oise qui voudraient nous savoir déjà tous fusillés, Thiers aurait proféré cette parole imprudente :

— Il y en a encore pour deux mois!

Si, de l'aveu même de cet exécutif, il y en a pour deux mois, nous pouvons annoncer qu'il y en a pour vingt-cinq ans. D'ici à deux mois, en effet, il est bien improbable que la province n'ait pas, dans les deux tiers de la France, imité le parti énergique qu'a pris la bonne ville de Paris de flanquer à la porte ses préfets et de s'administrer elle-même.

Si les renseignements qui nous arrivent du dehors ne sont point de vaines illusions, l'ère des *pronunciamentos* nous paraît ouverte, et quelque résolus que puissent être les Vinoy d'outre-Seine à fusiller tout ce qui leur tombera sous la main, il sera difficile de mettre le siége à la fois devant quinze grandes villes, à des hommes qui s'épuisent depuis un mois à en réduire une seule, et qui sont à peu près aussi avancés qu'au premier jour.

L'essentiel est donc, avant tout, d'entourer les êtres obtus qui s'agitent sur les bancs de l'Assemblée antinationale, d'un cercle de républicanisme dont les malheureux ne puissent jamais sortir, et de même qu'ils essaient de bloquer Paris, c'est à nous de bloquer Versailles.

Puisque M. Thiers nous accorde si généreusement les deux mois de résistance qu'il n'est pas en mesure de nous refuser, c'est au gouvernement de l'hôtel de ville à en profiter, pour organiser au dehors la propagande des grands principes qu'il représente. Et c'est précisément parce que nous pressentons partout le triomphe prochain des idées révolutionnaires, que nous craignons tant de voir certaines mesures en compromettre ou en retarder l'explosion. La Commune, qui doit se garder de mêler la moindre fantaisie à son omnipotence, avait à offrir aux républicains départementaux, qui attendent son mot d'ordre, autre chose que la suppression de onze journaux, les visites domiciliaires de M. Pilotell chez madame Chaudey, ou la chasse à l'homme organisée contre M. Vrignault qui, en échappant à ses limiers, a mis le gouvernement dans une situation voisine du ridicule.

Faites des actes qui frappent les esprits d'alentour par leur grandeur et non par leur mesquinerie. Nous soutenons la Commune sans arrière-pensée, puisque nous sommes sans ambition, et les quelques reproches que nous lui avons adressés n'ont jamais eu d'autre but que de consolider son œuvre. Nous savons que les moments suprêmes appellent les moyens extrêmes ; mais nous pensons que son rôle est, non pas de faire peur aux misérables bêtes brutes qui grouillent à Versailles, mais de faire envie aux républicains intelligents qui fourmillent à Lyon, à Marseille et ailleurs.

HENRI ROCHEFORT.

Rochefort en veut beaucoup à M. Thiers d'être petit. Je ne crois pas que son ami Louis Blanc ait une taille beaucoup plus grande. Il a oublié qu'*Alexander Magnus corpore parvuserat*, comme dit le rudiment. Dans cet article on reproche beaucoup à M. Thiers d'avoir dit que l'insurrection en avait encore pour deux mois. Si l'on compare les dates on verra que M. Thiers doit savoir gré à Rochefort d'avoir ainsi enregistré une preuve de sa clairvoyance. Cette parole de M. Thiers renferme tout le secret de la stratégie du gouvernement de Versailles. N'attaquez qu'à coup sûr une insurrection qui avait une position formidable, inextricable si les insurgés avaient eu des connaissances militaires ordinaires, s'ils avaient représenté autre chose que des passions aveugles, des colères folles, des ambitions atroces et de vagues espérances d'une transformation sociale que donnera la république patiente. Lorsque les anabaptistes s'emparèrent de Munster, l'évêque se retira hors de la ville. Il rôda non trois mois, mais deux ans, et il finit par prendre tous les insurgés. Il fit périr les chefs dans les tortures.

Il y avait plusieurs jours que la *Cloche*, le *Soir*, l'*Opinion Nationale* et le *Bien Public* avaient été supprimés, le Vrignault avait, comme nous l'avons vu, commencé sa vie errante.

La *Nation souveraine*, journal courageux, sincèrement républicain, fondée le 15 avril, par Rey, allait être supprimée à son tour.

Ces prétendus mouvements de province n'existaient que dans l'imagination des courtiers-marrons de la franc-maçonnerie. C'est pour les exciter qu'on imagina de lancer dans les airs des ballons chargés de proclamations incendiaires. On exagéra la portée de certaines députations borgnes ou plutôt aveugles, que certains députés, couverts par l'inviolabilité parlementaire, recevaient à Versailles. Le vote de Lille en faveur de la liberté municipale fut transformé par des rêveurs en manifestations révolutionnaires! Dans Paris assiégé il était difficile de reconnaître la fausseté de ces renseignemedts idiots.

L'*Officiel* continuait à les propager. A lui la responsabilité, à lui la faute! Personne du reste, eût-il vu clair, n'aurait osé le contredire.

LA SUSPENSION D'ARMES.

Après avoir donné le texte de cet étrange document, si singulièrement extorqué aux troupes constitutionnelles, Rochefort s'exprime en ces termes :

On sait que l'armistice devait commencer hier, et dès neuf heures du matin les vieillards et les enfants de tout sexe, réfugiés dans les caves de Neuilly et de Levallois-Perret, étaient sortis de leurs retraites dans le but de gagner l'intérieur de la ville.

Ils ont été promptement réintégrés à coups d'obus dans leurs sous-sols, et ils ont pu apprendre, à travers les soupiraux qui leur servent de fenêtres, que l'armistice demandé pour le 24 avril était remis à aujourd'hui 25.

A quel motif grave et d'impérieuse nécessité des Français ont-ils dû de rester un jour et une nuit de plus dans les souterrains qu'ils habitent depuis deux semaines? A une simple question de cérémonial. Depuis que le vieux Saltabadil de Transnonain couche au palais de Louis XIV il se croit le Roi-Soleil en personne, et il est homme à ne pas accepter les clefs de Paris si la Commune ne les lui apporte pas sur un plat en vermeil.

Il paraît que ne nous ayant pas reconnus comme belligérants, le bombardement qui gémit sur la destruction de la colonne Vendôme, tout en criblant de mitraille l'Arc-de-Triomphe, ne pouvait envoyer lui-même un parlementaire, parce que l'envoi dudit parlementaire constituait pour lui une situation inférieure, tandis que son refus d'en choisir un lui donne une supériorité écrasante.

Le groupe d'Etex y perdra une jambe ou deux; les

maisons de l'avenue des Champs-Élysées subiront quelques crevasses de plus, et un certain nombre d'éventrements feront suite à ceux-d'avant-hier, mais le chef de l'exécutif pourra s'écrier avec un juste orgueil :

« J'ai massacré plusieurs de mes compatriotes, c'est vrai, mais je n'ai pas envoyé de parlementaire. »

Ce sanglant Tom-Pouce exerce sans remords son affreux métier, mais il y met de l'amour-propre. En présence du sang qui coule et des horreurs qui s'accumulent, il songe à la majesté de son rang, et il aime mieux ajouter quelques nouveaux meurtres aux anciens, que de s'écarter en quoi que ce soit des formes diplomatiques.

Ah ! vieux serpent à lunettes, il te faut un rituel pour arrêter la boucherie qui nous désole, et tu ne crains pas de la prolonger d'un jour plutôt que de violer ton formulaire ! Nous observerons moins consciencieusement à ton égard, sois en sûr cette étiquette à laquelle tu parais tenir si tort ; et quand Lyon qui s'agite et les autres grandes villes qui nous regardent auront prochainement proclamé leurs communes, tu verras avec quelle absence de cérémonie on te flanquera à la porte.

Henri Rochefort.

L'article est vif, injurieux, mais il fallait sacrifier M. Thiers absent; la franc-maçonnerie, mécontente de son insuccès, ne l'était pas moins de la manière dont le *Mot d'Ordre* avait rendu compte de la réception des délégués à Versailles.

Rochefort avait du reste assez de bon sens pour ne point se montrer sympathique à cette *parade* mystique mise au service de passions violentes, tenaces, inexplicables sans le voisinage de la Prusse.

Rochefort, toujours patriote dans ses plus grands écarts,

n'avait pas suivi les internationaux dans leur croisade humanitaire en faveur de nos vainqueurs.

L'article qui suit a paru dans le numéro du 27 avril. Rochefort voit bien que l'Assemblée de Versailles a aidé au développement de l'agitation communale en favorisant une dangereuse confusion, mais l'auteur de la *Lanterne* ne voit pas que c'est la Commune surtout qui fait les affaires des royalistes. Elle les a fait depuis le premier jour. Car jamais un mouvement inauguré par l'assassinat ne pouvait, grâce à Dieu, triompher sur cette noble terre de France.

CEUX QUI FONT NOS AFFAIRES.

Le meilleur ami de la Commune, c'est encore le gouvernement de Versailles. La circulaire de M. Dufaure ne peut manquer d'ajouter quatre départements au minimum à ceux qui se prononcent tous les jours pour le mouvement actuel. Encore quelques proclamations dans ce genre, et la France est à nous !

« Et ne vous laissez pas arrêter, dit ce vieux pêcheur à la ligne, lorsque dans un langage plus modéré en apparence, sans être moins dangereux, ils (les journalistes) se font les apôtres d'une conciliation à laquelle ils ne croient pas eux-mêmes. »

Le *Mot d'Ordre* a été supprimé par le fuyard Vinoy, aujourd'hui grand crachat de la Légion d'honneur, sous prétexte que mes collaborateurs et moi prêchions la guerre civile. La circulaire Dufaure nous apprend que désormais les journaux seront punis quand ils prêcheront la conciliation. Les misérables écrivains qui trouveront mauvais que des femmes soient renversées par des obus dans les avenues qu'elles traversent pour aller faire leurs provisions, et qui proposeront un moyen quelconque, fût-il excellent, de faire cesser les hostilités, sont dès aujourd'hui assimilés par le ministre de la justice versaillaise aux criminels les plus endurcis.

Vous êtes partis pour Versailles, mais votre père est resté à Paris. Le jour où vous apprenez qu'une bombe venue du Mont-Valérien a pénétré dans sa chambre et l'a coupé en deux dans son lit, vous devez demander à grands cris la continuation de la guerre civile, sous peine d'être considéré par l'honnête Dufaure comme un ennemi de la propriété et même de la famille.

Nous l'avons remarqué souvent : il n'y a que les modérés pour être impitoyables. Si encore ils n'étaient que féroces, mais ils sont stupides. C'est, du reste, ce qui nous sauve. Pas un des sois-disant ministres qui ont assisté à l'élaboration du manifeste qui fait aujourd'hui la joie de tous les amis de la franche gaieté, n'a songé que la province, à qui il est adressé, allait s'écrier comme un seul département :

« Comment ! voilà un mois qu'ils éventrent Paris, qu'ils trouent les monuments publics et les propriétés privées, et, si par hasard, quelqu'un avait l'idée de leur faire observer qu'en voilà peut-être assez, ils déclarent d'avance que ce téméraire sera puni selon la rigueur des lois ! Ce ministère-là a donc été recruté dans les cages du Jardin des plantes ? »

Des hommes qui, sachant à n'en pas douter qu'ils n'entreront jamais dans une ville, se déclarent décidés à la bombarder pendant trente-cinq ans, plutôt que d'écouter quoi que ce soit, ne peuvent inspirer aux populations d'alentour que le plus vif désir de se séparer d'eux. Ces proclamations d'égorgeurs en goguette sont donc faites pour rallier à l'idée de la Commune, c'est-à-dire du gouvernement du pays par lui-même tous ceux qui hésiteraient encore. A moins qu'il n'ait mis pour jamais ses lunettes à l'envers, le Dagobert de la place Saint-Georges ne peut l'ignorer. Le vieil orléanistes Dufaure le sait bien, lui qui depuis quarante et des années trempe son pain dans tous les potages politiques.

Mais la vieillesse, qu'on croit généralement prudente, est essentiellement rageuse. Dans leur fureur antirévolutionnaire, les Thiers, les Dufaure, les Jules Favre, les Picard appellent à leur secours tous ceux que nous avons chassés à coups de trique le 4 septembre : les Palikao, les Galiffet, les Canrobert, les De Failly sont choyés à Versailles et pourvus de commandements, comme si ces pandours s'appelaient Duguesclin ou Turenne, et qu'eux seuls pussent sauver la France.

Napoléon III est réellement bien modeste d'être allé s'installer à Londres. Nous sommes convaincus que s'il débarquait dans Seine-et-Oise, ceux qui y gouvernent le recevraient à bras ouverts et le chargeraient immédiatement d'organiser le massacre dans les rues de Paris.

Et l'infortuné Thiers, qu'on appelle depuis si longtemps « l'illustre homme d'État, » — ce qui vous dégoûterait de devenir illustre, — ne s'aperçoit même pas de ce qui sauterait aux yeux des plus naïfs : c'est-à-dire que tous les maréchaux et fonctionnaires bonapartistes dont il s'entoure n'attendent qu'un moment pour le précipiter de l'escabeau qu'il prend pour un trône, et le réintégrer dans ce Mazas qu'il a fait jadis bâtir, et qu'il a déjà visité une première fois comme pensionnaire au deux décembre 1851.

Heureusement Paris nous semble suffisamment résolu à ne laisser rentrer ni l'arrêté Thiers, ni l'arrêteur Bonaparte, entre lesquels, du reste, il ne fait aujourd'hui aucune différence.

HENRI ROCHEFORT.

Nous profiterons de cet article pour attirer l'attention sur un défaut capital de la polémique de Rochefort, défaut commun à tous les partis, défaut ou plutôt vice provenant de notre peu d'habitude de la vie publique. On s'occupe des hommes politiques, et très-peu des choses politiques. On oublie que dans un pays voisin les torys ont réalisé les réformes qu'ils ont longtemps combattues, et que les whigs n'ont pas cru devoir les repousser pour la raison que leurs ennemis politiques s'emparaient d'une partie essentielle de leur programme. Aux Etats-Unis, les mêmes questions ont été indifféremment et successivement défendues par les démocrates et par les républicains. Dans un pays libre les partis sont flexibles, modifiables et ne possèdent point un programme stéréotypé qu'on se transmet d'âge en âge, comme les Vestales transmettaient le feu sacré. Cette erreur grave n'est point encore une fois spéciale à Rochefort.

Cet article sans en-tête a paru dans le numéro du 29 avril. Il accuse bien plus énergiquement encore l'erreur que nous signalions plus haut :

Faisons cette supposition qu'au lieu d'envoyer M. Thiers à Versailles voir si la Commune y était, nous lui eussions continué ses pouvoirs et nous eussions pris au sérieux les promesses solennelles qu'il a faites relativement au maintien de la République, nous serions cependant à cette heure les déplorables victimes de notre confiance.

On annonce, en effet, officiellement dans les journaux de Versailles que le duc d'Aumale et le prince de Joinville sont actuellement dans l'Orne, près d'Alençon, logés au château de M. d'Audiffret-Pasquier, député à l'Assemblée nationale.

Que père Transnonain soit imbu des préjugés monarchiques dont il a vécu toute sa vie, au point de se croire le droit de canonner la capitale de la France, sous prétexte qu'elle veut la séparation de M. Thiers et de l'État, c'est là une façon d'agir profondément criminelle, mais qui peut à l'extrême rigueur avoir pour explication l'état d'imbécilité et de décomposition morale dans laquelle a pu s'abîmer un homme politique âgé de 75 ans.

Aujourd'hui, ce n'est plus ni la vieillesse ni l'intelligence de M. Thiers qui sont en cause, c'est simplement sa parole d'honneur. Le fait officiellement raconté est précis. Un décret de bannissement interdit à la famille d'Orléans le séjour de la France, et les d'Orléans sont dans l'Orne, chez M. d'Audiffret-Pasquier ! C'est-à-dire que ce ne sont plus seulement les royalistes, mais les rois eux-mêmes qui viennent conspirer chez nous au nez et aux lunettes de l'homme qui a juré fidélité à la République.

Si M. Thiers était une de ces natures sensibles comme Berquin aimait à en produire sur la scène, on pourrait croire que sa douceur naturelle le pousse à fermer les yeux sur l'infraction à toutes les lois commises par les fils de son ancien maître. Mais en présence des meurtres qu'il commet depuis vingt jours, sur la nation qui l'a élu, cette tendresse à l'égard de prétendants avérés et d'excitateurs à la guerre civile porte un seul nom dans toutes les langues, celui de « trahison. »

Le sieur Vinoy n'a pas hésité à fusiller Duval, prisonnier, comme le duc d'Aumale devrait l'être à cette heure ; un autre sieur Valentin s'est hâté d'arrêter Lockroy, contre la famille et la personne duquel aucun décret de bannissement n'a été promulgué, et un troisième sieur Dufaure a déclaré, dans une récente circulaire, que toute tentative de conciliation entre Versailles et Paris devait être considérée comme un crime.

De la conciliation, mais en voilà, il me semble : M. d'Audiffret-Pasquier, député nommé sous la République, loge des conspirateurs venus tout exprès pour la culbuter, et il n'est même pas, à cette heure, entre les mains des gendarmes, lui et les insurgés qu'il héberge.

Le gouvernement de Versailles se calomnie lui-même : il est impossible d'être plus conciliant, et je suis convaincu que si nous proposions à M. Thiers un arrangement sur la base d'une restauration orléaniste, cet homme petit, mais loyal, s'entendrait immédiatement avec la Commune.

HENRI ROCHEFORT.

Henri Rochefort aurait été bien surpris d'apprendre jusqu'à quel point il se trompait. Mais qui aurait pu le détromper au milieu de cette bagarre ! Pourquoi les républicains qui siégeaient à l'extrême gauche ne faisaient-ils point de nobles efforts pour éclairer l'opinion pour montrer sous son jour vrai la situation des choses ? C'est à la suite de cette erreur que Rochefort prend si acerbement, si injustement, M. Thiers à partie. Mais M. Thiers doit être le premier à pardonner cette erreur, cause de grands malheurs, et que des démocrates à chevrons auraient dû dissiper dès l'origine de ces catastrophes sombres. Mais l'ambition ! l'ignorance, et encore l'ignorance ! !

L'article sur Blanqui est un *non-sens*. Si Rochefort avait vécu, en 1848, il serait impardonnable de s'être attendri sur cette vipère. Du reste, Blanqui était très-légalement arrêté, jamais arrestation n'a été plus légale, et plus légitime à la fois. Ce qui rend l'affaire des otages atroce s'il est possible c'est que le prétexte a été l'arrestation d'un scélérat pareil.

LA QUESTION BLANQUI.

Blanqui, condamné à mort par contumace, est découvert et arrêté. Soit. Il ne reste plus au gouvernement qui l'arrête qu'à le conduire devant ses juges pour l'y faire juger contradictoirement. Mais les amants de la légalité casernés à Versailles ont trouvé plus commode, après avoir refusé à leur prisonnier même le conseil de guerre auquel il a droit, de le calfeutrer dans un cachot quelconque, et de l'y laisser tellement au secret, que personne ne sait dans quelle prison on le détient, et s'il y est mort ou simplement moribond.

Voilà qui passe toutes les bornes de la folie furieuse. La loi qui autorise cette chose monstrueuse et inutile qu'on appelle « le secret » n'a jamais, à aucune époque et sous aucun pouvoir, quelque féroce qu'il fût, permis la suppression, c'est-à-dire la disparition de l'accusé. Celui-ci « doit toujours être représenté, dit le Code, à la première réquisition de la famille, » afin qu'il soit constaté au besoin qu'il n'a pas été assassiné dans sa prison par ceux qui auraient intérêt à sa mort.

Or, à la lettre si touchante de la sœur de Blanqui, demandant sinon à voir son frère, du moins à savoir dans quel tombeau et sous quelle pierre sépulcrale les geôliers versaillais avaient bien pu l'ensevelir vivant, le jurisconsulte Thiers, flanqué du jurisconsulte Dufaure, a répondu qu'il refusait toute communication avec son détenu, et tout renseignement sur sa situation avant que l'ordre ne soit rétabli.

Eh bien ! et l'article du Code qui est formel ? Et la loi que vous invoquez à tout bout de champ, et que vous reprochez tant de méconnaître au gouvernement de l'hôtel de ville ? Il n'y a pas deux façons d'apprécier la conduite de M. Thiers à l'égard de Blanqui : le cas a été prévu par les législateurs. Elle constitue le fait qualifié crime, et la réponse du chef du pouvoir exécutif à la demande de la famille le rend tout bonnement passible des galères.

Voilà pour la question judiciaire. Au point de vue politique, Blanqui, nommé par les élections populaires membre de la Commune de Paris, devenait immédiatement inviolable et devait être relâché sur l'heure. Sa séquestration est donc, en outre, un attentat inexcusable au suffrage universel à ajouter au compte de M. Thiers. Qui aurait supposé que le corps d'un aussi petit vieillard pût contenir autant d'illégalité, d'arbitraire et de haine ? C'est sans exemple dans le passé, comme ce sera sans nom dans l'avenir.

Et les mêmes hommes qui déchirent ainsi sans vergogne tous les pactes sociaux se sont déchaînés contre la Commune à propos de la loi des otages. Mais, malheureux ! c'est à croire que vous voudriez la pousser à l'appliquer.

HENRI ROCHEFORT.

Il serait par trop cruel de commenter le *Chapitre des Illusions* dont on pourrait retourner toutes les lignes. Mais est-ce à Rochefort qu'il faut les reprocher ces illusions néfastes ? N'est-ce point aux insensés qui ont osé se présenter au scrutin de juin sous les auspices d'un Comité radical anonyme ? N'est-ce point à ceux qui, ayant échoué dans les grandes élections parlementaires, essaient un piteux rattrapage municipal. Ceux-là sont bien de vrais irréconciliables avec la logique et le bon sens, et même la décence.

LE CHAPITRE DES ILLUSIONS.

Il y a actuellement à Versailles joute sur l'eau entre Thiers et Dufaure. C'est à qui de ces deux antiques panades s'enfoncera le plus avant dans l'absurde. Quand le premier expectore un discours, le second enfante immédiatement une circulaire, de sorte qu'il est impossible de décider auquel de ces frères siamois de la réaction il serait juste d'offrir la pomme, la pomme de discorde et de guerre civile, bien entendu.

Nous avons à Paris un magasin de nouveautés qui s'intitule : *Aux deux magots*. Le magasin de vieilleries connu sous le nom d'Assemblée de Versailles, écrirait sur son fronton cette enseigne :

Aux deux bêtes brutes

que l'opinion publique, juge suprême des mérites de chacun, ne ferait aucune différence entre elles.

M. Thiers ayant répondu, comme on sait, à la sœur de Blanqui, M. Dufaure n'a pas voulu être en reste avec son collègue en vétusté, et il a répondu au citoyen Louis Blanc. Voici même, entre autres lazzis, l'argument le plus concluant qu'il a lancé à la tête du député de Paris :

« Oui, après que l'ordre aura été rétabli, *après que des élections libres auront été faites à Paris*, oui, certainement, alors la justice aura égard à ceux qui, dans ces troubles, n'auront porté que l'esprit d'égarement. Elle saura distinguer ceux qui, sortis des bas-fonds de la société, ont prolongé, par la guerre civile, les maux dont la guerre étrangère avait frappé notre pays. »

Ne nous abusons pas : les hommes « sortis des bas-fonds de la société, » c'est-à-dire ceux qui soutiennent la Commune ou qui en font partie. Nous sommes donc destinés à être, un de ces jours, jugés et traités sans aucune indulgence par M. Dufaure. Une telle perspective serait inquiétante si ce ministre, que nous ne reconnaissons pas, d'une justice que nous ne reconnaissons pas davantage, n'avait prononcé cette phrase rassurante : « Après que des élections libres auront été faites à Paris. »

Il est clair, en effet, que, le jour où l'ordre ayant été rétabli, des élections seront annoncées, M. Dufaure et ses amis se présenteront comme un seul candidat aux suffrages des électeurs. Il est certain, d'autre part, que les hommes sortis des bas-fonds de la société en appelleront également au vote de la population, qui leur continuera ou ne leur continuera pas sa confiance. Il se produira alors, selon toute probabilité, ce phénomène, c'est que sur deux cent cinquante mille votants, les sauveurs du gouvernement de Versailles obtiendront douze cents voix, et que les deux cent quarante-huit mille autres se répartiront précisément entre les prétendus repris de justice qui dirigent ou acceptent actuellement le mouvement communal.

A l'heure où nous écrivons, le général Thiers, et son état-major sont convaincus que, si des élections avaient lieu à Paris, ils obtiendraient une majorité écrasante. Mais nous qui, n'ayant pas fui vers les saules versaillais, sommes restés en mesure de tâter à tout moment le pouls de la population, nous savons à quoi nous en tenir sur cette prétention. Aux élections dernières, les membres de la défense nationale avaient gardé la même illusion. Jusqu'au jour du vote, tous se croyaient nommés d'avance. et pas un n'a seulement obtenu une minorité présentable.

Nous ne dirons pas que la situation est la même, puisqu'elle s'est singulièrement aggravée à l'égard du chef du pouvoir exécutif et de ses ministres exécutants. Loin de repousser l'idée des élections, nous avons donc tout profit à subir cette épreuve décisive, qui laissera indubitablement sur le carreau tout le troupeau qui broute dans Seine-et-Oise. Mais, et c'est là que le plaisant se mêle au sévère, quand, après des efforts surhumains, M. Dufaure aura obtenu trente-trois voix contre M. Delescluze cent quarante mille, de quel front le « blacboulé » osera-t-il qualifier d'insurgé le vainqueur, et le renvoyer devant les conseils de guerre?

Lorsqu'il sera bien et dûment constaté que les bas-fonds de la société parisienne se composent de trois cent mille électeurs, sans compter leurs femmes et leurs enfants, l'insurgé se trouvera être, non pas M. Delescluze, mais M. Dufaure, et les conseils de guerre qu'il aura établis ne pourront guère servir qu'à le condamner lui-même.

Tel serait le résultat inévitable des élections « libres » dont parle dans son discours le vieux justicier Dufaure. C'est alors, en effet, comme il le dit très-bien, que l'ordre sera rétabli, car les deux vieillards qui le troublent depuis trois semaines plongeront pour jamais, ce jour-là, dans le bassin de Neptune.

HENRI ROCHEFORT.

Dans son premier numéro de mai, Rochefort a raison...

Pourquoi ne tire-t-il point une conséquence de ces excellentes prémisses ?

Pourquoi ces députés restent-ils un pied chaussé, l'autre nu ! Pourquoi font-ils grève depuis le 18 mars ? Mais ses objurgations seront vaines. Il ne leur donnera pas le courage civique qui leur manque.

Ils seraient encore les expectants sombres, taciturnes. Ils resteront sous leur tente ou plutôt dans leur cave.

Pauvre France, que n'as-tu eu quelques grands citoyens parmi ces bruyants montagnards !

LA GRÈVE DES DÉPUTÉS.

Les représentants de Paris, qui ont cru devoir continuer à respirer l'air d'hôpital qu'exhale l'Assemblée de Versailles, viennent de répondre à une adresse du conseil municipal de Mâcon.

Nous avons lu cette réponse et nous avons été désappointé. Le défaut capital des députés parisiens non démissionnaires est de s'obstiner à ne pencher d'aucun côté. Depuis le 18 mars, toute leur argumentation a tourné sur ce pivot :

« Je ne veux pas savoir qui a raison ou qui a tort. »

Pourquoi diable les députés de Paris ne veulent-ils pas le savoir ? Leur premier devoir était au contraire de s'en informer. C'est ce que nous avons fait pour notre part, et, dès que nous avons su qui avait tort, nous nous sommes prononcé pour ceux qui avaient raison.

Ce système d'équilibre, qui permet à la députation de Paris de rester neutre et de regarder les Français s'entr'égorger comme les spectateurs d'une lutte à main plate à laquelle ils ne prennent pas part, ne peut amener aucun résultat appréciable. A Rome, tout citoyen dans la guerre civile était obligé d'opter pour l'un des deux partis en armes.

Les députés de Paris ne sont pas à Rome puisqu'ils sont à Versailles, mais jamais hommes politiques n'ont été plus rigoureusement mis en demeure par les événements, de se prononcer.

Nous le répétons à nos anciens collègues : il leur est impossible de rester plus longtemps un pied chaussé et l'autre nu. Se balancer sur cette corde raide qui consiste à blâmer le gouvernement de Versailles tout en désavouant la Commune ne constituera jamais une attitude. Ils veulent comme nous tous la fin de cette lutte aussi atroce que fatigante. Comment n'ont-ils pas dejà compris que le plus sûr moyen d'y arriver était d'opter résolûment pour une des deux causes?

Si vous ne blâmez personne, vous ne voulez dont le triomphe de personne. Il est pourtant de toute nécessité que l'un des deux adversaires l'emporte sous peine de voir la bataille s'éterniser. On tombe toujours du côté où l'on penche, dit le proverbe. Je crains que nos élus ne tombent pour n'avoir osé pencher d'aucun côté. M. de Kerdrel, qui n'est pas représentant de Paris, et qui ne le sera jamais, a bien osé, lui, venir à la tribune, poser la candidature de ses princes légitimes. Si les républicains de Paris siégeant à Versailles n'y empêchent pas les manifestations monarchiques, on se demande ce qu'ils peuvent bien y faire, et d'où vient qu'ils n'ont pas déjà quitté ce cloaque pour venir se grouper autour de la Commune, puisqu'elle est maintenant à peu près seule à défendre la République.

HENRI ROCHEFORT.

L'article suivant est noble et fier, écrit par un vrai patriote. Il montre que Rochefort n'a point été mis au courant des rapports que la Prusse entretenait avec la Commune immonde. Céder à la pression de l'étranger même pour relâcher les otages... Jamais. Cet article je l'aurais signé, quoique j'eusse donné mon sang pour délivrer les otages. Aujourd'hui nous devons être français avant tout... après cela humains et même vertueux si nons pouvons ! Sachons préparer notre vengeance. Rien de la Prusse, pas même le bien, pas même le salut... S'il faut en croire une anecdote dont Rochefort est le héros, Rochefort, arrêté à Meaux, aurait refusé pour lui-même la liberté que lui aurait offerte un général prussien, invoquant d'anciennes relations de famille pour le sauver, Bonjean, Darboy, Deguerry... et surtout les braves gendarmes assassinés auraient sans doute eu l'héroïsme de repousser le salut venant de la nation infâme. Mais quel n'est pas le crime des scélérats de la Commune qui auraient permis à la Prusse de s'ériger en libérateurs.

LA PRUSSE ET L'ARCHEVÊQUE.

On n'accusera pas le *Mot d'Ordre* d'avoir poussé à l'arrestation de l'archevêque de Paris. Bien qu'à notre avis toutes les religions soient ineptes et que la religion catholique nous ait toujours semblé la plus niaise de toutes, nous aurions peut-être laissé monseigneur de Paris digérer en paix les quatre cent mille francs de traitement annuel qu'il a perçus pendant près de dix ans d'empire. Mais enfin, puisque la Commune a cru devoir incarcérer ce fastueux prélat, c'est probablement qu'elle avait pour le faire des raisons suffisantes ; et je pardonne volontiers au gouvernement de l'hôtel de ville cet acte audacieux, en songeant que les lettres terrifiées de M. Darboy à M. Thiers ont dû contribuer à faire réfléchir celui-ci sur le danger des représailles, et sauver la vie à bon nombre de nos gardes nationaux prisonniers.

Une chose nous étonne donc : un télégramme de Berlin prétend — et plusieurs journaux répètent — que l'ar-l'archevêque de Paris va probablement être mis en liberté, grâce à l'intervention du général prussien de Fabrice.

Cette assertion est des plus graves, et nous adjurons la Commune de la démentir officiellement. Si les Favre, les Thiers, les Picard et les Vinoy sont les ennemis de la France, qu'ils criblent de leurs obus et qu'ils abrutissent de leurs décrets, l'Allemand de Fabrice ne s'est pas montré moins acharné contre notre patrie, et il a droit à la même somme de haine, comme il doit produire sur tout républicain français le même effet d'horreur.

D'où vient que la Prusse, qui est protestante, se permet de s'interposer entre notre archevêque et nous, et d'où lui est né cet attendrissement subit, elle qui, pendant cinq mois consécutifs, a éventré à coups de canon nos femmes, nos enfants, et même nos cathédrales ? Que le sieur de Fabrice nous restitue d'abord Blanqui, prisonnier de M. Thiers, et peut-être alors lui rendrons-nous Darboy, prisonnier de la Commune,

Nous le répétons : le *Mot d'Ordre* n'a conseillé l'arrestation d'aucun prêtre, ces gens-là nous paraissant plus inutiles que dangereux ; mais il suffirait qu'un Prussien, probablement d'accord avec les fuyards de Versailles, réclamât l'élargissement du sénateur grand aumônier de l'Empereur, archevêque Darboy, pour que nous engageassions la Commune à donner à sa cellule un tour de clé de plus.

Si Versailles a assez peu de vergogne pour demander humblement à ceux qui ont démembré la France d'intervenir dans des questions de cette nature, Paris et la Commune doivent comprendre qu'il y va de leur dignité comme de leur honneur de repousser toute ouverture à cet égard.

Ce que nous avons refusé au prussien Thiers et au prussien Jules Favre, nous ne pouvons sans déchoir l'accorder au prussien Fabrice.

HENRI ROCHEFORT.

Mais pourquoi Rochefort ne demande-t-il pas lui au nom de l'humanité ce que son patriotisme clairvoyant l'oblige à repousser. C'est que Rochefort a compris la République à laquelle il est dévoué corps et âme ; mais comme beaucoup de nos concitoyens, il n'a pas compris la justice qui, suivant Platon, est l'essence même de la République. Les affreux événements de Paris auront complété la révélation non-seulement pour Rochefort, mais pour beaucoup d'autres.

En temps ordinaire l'article suivant aurait passé pour une excellente boutade et aurait fait beaucoup rire, car il y a un fonds incontestable de vérité dans cette argumentation, c'est la peur de la Commune qui maintient Thiers au pouvoir, de même que c'est aussi la peur de Thiers qui maintient la Commune. Mais les ruraux ont raison de craindre la Commune, tandis que les Parisiens ont tort de se méfier de Thiers. Voilà la différence dont Rochefort ne comprend point la valeur. Mettre les deux parties belligérantes sur le même plan, voilà l'erreur de principe que Rochefort commet à chaque instant, et qu'il partage avec les membres muets de la Montagne, avec les courtiers d'insurrection de la ligue des droits de Paris. Une fois cette erreur commencée, il s'en tire à merveille, il raisonne avec hardiesse, avec justesse, il se dépasse lui-même, il est le Rochefort des bons jours, ayant une verve plus grande. Il ressemble à ce mathématicien qui a dépensé infiniment d'esprit à écrire une géométrie dans laquelle la ligne droite n'est pas le plus court chemin d'un point à un autre. Rochefort serait inexcusable s'il n'avait point vu les prétendants qui rôdent autour du cadavre de la France.

LES TRACASSERIES.

Nous sommes à deux doigts de nous entendre avec M. Thiers. En effet, il s'est plaint amèrement dans la séance d'avant-hier « des tracasseries » de la droite, et nous ne nous sommes, quant à nous, jamais plaints d'autre chose. Si Paris s'est soulevé le 18 mars, et s'il a condamné par contumace à ne plus rentrer l'Assemblée notionale, qui avait filé sur Bordeaux par précaution, c'est uniquement parce que la droite nous « tracassait, » exactement comme elle tracasse M. Thiers.

Elle nous a tracassés en décidant que le séjour de la capitale lui paraissant dangereux, elle jugeait convenable d'aller prendre en province ses ébats réactionnaires.

Elle nous a tracassés en signant, à peu près sans discussion, la paix la plus coûteuse et la plus dégradante qui ait jamais précipité une nation au fond de l'abîme.

Elle nous a tracassés en faisant déclarer par ses chefs de file que l'installation de la république en France était tout à fait provisoire, et que d'ici à un laps très court on verrait à choisir, entre les divers prétendants actuellement sur le tapis, celui qui promettrait le plus de décorations.

Elle nous a tracassés, enfin, en refusant continuellement de mettre à l'ordre du jour cette question des élections communales, que la population demandait à grands cris depuis le 4 septembre.

Et cet Adolphe Thiers, qui vient de déclarer énergiquement à la tribune qu'il ne veut plus qu'on le tracasse, est le même qui défonce nos toitures; estropie nos enfants et coupe nos chemins de fer, parce que nous n'avons pas voulu nous laisser tracasser plus longtemps. Comment ! vous considérez la droite versaillaise comme un ramassis d'idiots, et vous nous bombardez sous prétexte que nous sommes de votre avis ! Mais nous, du moins, quand nous nous sommes aperçus que ces gens-là étaient des brutes, nous les avons chassés de chez nous. Vous vous en êtes aperçu également, et c'est pour faire triompher leur démence que vous commettez toutes sortes de crimes. C'est réellement pousser l'inconséquence au delà de ses frontières naturelles.

Ces discussions de famille entre Thiers et son impétueux troupeau éclairent la situation d'un jour éblouissant. Du moment où les béliers de la réaction trouvent l'homme de la place Saint-Georges trop avancé pour eux, on se demande avec une certaine curiosité ce qu'ils doivent penser de nous, et à quels excès de répression insensée ils se livreraient s'ils parvenaient jamais à pénétrer victorieux dans Paris.

Le vieillard égaré qui les dirige, et qui se vante d'avoir fait avant huit jours une brèche à nos remparts, devrait pourtant connaître assez ses Kerdrel et ses Barascut pour savoir qu'il lui deviendrait impossible de les arrêter le jour où ces énergumènes de la modération entreraient dans la capitale le drapeau tricolore à la main.

Si personne n'est conciliant comme un poltron qui se voit en danger, personne n'est féroce comme le même poltron dès qu'il n'y a plus rien à craindre. Les récits peut-être fictifs d'insurgés de juin 1848 sciés entre deux planches seraient alors dépassés par la réalité. Après la piteuse cession aux Prussiens de l'Alsace et de la Lorraine par ceux-là mêmes qui mettent leur amour-propre à ne rien céder aux Français, ce qu'il fallait faire, c'était désarmer non la garde nationale de Paris, mais bien l'Assemblée de Versailles, en la déclarant dissoute. Le pauvre petit Thiers, par peur de la révolution, s'est mis à la tête des rétrogrades, et il sera mangé par eux. Ce repas peu appétissant, du reste, a même déjà commencé.

Si donc le chef du pouvoir exécutif était capable d'entendre ce qu'on pourrait appeler un conseil d'ennemi, il retarderait le plus possible le moment de sa victoire, au lieu de réunir tant de gendarmes pour l'avancer. Tant qu'il se contentera de nous faire de temps en temps cinq prisonniers, ses tracasseurs, inquiets sur l'issue définitive de la lutte, se contenteront de pousser des grognements confus sans oser montrer les dents. Que par force ou par trahison les portes de Paris s'ouvrent devant eux, et Thiers, encore plus démoli à Versailles que place Saint-Georges, deviendra leur première victime. Prolonger la lutte est donc pour l'infortuné vieillard le seul moyen de retarder un peu son agonie dictatoriale ; et s'il était aussi fin en politique qu'on s'est plu à le répéter, il viendrait lui-même réparer la nuit les brèches qu'il pourrait faire à nos remparts pendant la journée.

HENRI ROCHEFORT.

La même idée est développée d'une façon brutale à propos d'un journal qu'Emile de Girardin a fait crier dans les rues de Paris le 3 mai, après avoir fait paraître pendant quelque temps le *Bonhomme Franklin*, journal anonyme reproduit *in extenso* dans la *Liberté* de Saint-Germain, où nous écrivions alors.

L'homme qui, en 1866, a soutenu la Prusse contre l'Autriche, qui nous a donné Emile Ollivier, qui a raccolé des « Oui » pour le plébiscite impérial, et qui, après avoir poussé de toutes ses forces à la guerre accablante qui nous coûte l'Alsace et la Lorraine, s'est honteusement enfui en province pendant les douleurs et les dangers du siége de Paris, Émile de Girardin ose reparaître et se faire crier dans les rues sous la forme d'un journal intiiulé l'*Union française.*

Nous avons lu, sans vouloir chercher à les comprendre, le plan de transaction qu'il nous propose et le projet de fédération qu'il semble rêver pour notre pays. Quelque doctrine qu'il nous prêche, nous sommes résolu à ne pas l'écouter ; nous croyons seulement de notre devoir d'avertir les républicains d'avoir à se tenir en garde contre ce vieux démoralisateur, qui ne peut même plus invoquer, pour ses sauts de carpillons, l'excuse de la clairvoyance.

Ce sont les Girardin qui font les Bonaparte, et les Bonaparte nous font ce que nous sommes aujourd'hui.

HENRI ROCHEFORT.

Que les Girardin aient fait les Bonaparte, la chose est douteuse, quoique la *Presse* ait poussé au vote de décembre, mais que les Bonaparte nous aient fait ce que nous sommes aujourd'hui, la chose est plus sûre, car Bonaparte a régné pendant 18 années par des moyens ignobles et a dégradé le caractère national, c'est au système impérial que nous devons l'absence complète de moralité publique, qui caractérise la situation actuelle. Rochefort voit le mal de l'époque. La vérité lui échappe à la fin de cet article. Nous sommes tous coupables, tous nous avons été corrompus par l'empire, même ses plus acharnés détracteurs.

Pourquoi cette fureur contre l'*Union française* qui représente une idée juste, que Rochefort a comprise, quoiqu'il la déclare incompréhensible? France, guéris-toi des individus, disait Anacharsis Clootz montant sur l'échafaud. Cette phrase, citée par l'ignoble *Père Duchesne*, peut s'appliquer à Rochefort. Que la vérité revêtue d'un plébiscite, en manière de robe de chambre, n'en soit pas moins considérée comme étant la vérité toujours !

Les articles suivants, que nous rangeons par ordre chronologique avec la date de leur apparition dans le *Mot d'Ordre*, ne sont que des variations sur cet air connu : « Nous sommes vainqueurs — Versailles ne peut plus tenir. — Le gouvernement de Versailles est à l'agonie. » Il faut une grande souplesse de style pour avoir rédigé des pages si fraîches, si rassurantes, à la veille d'un tel cataclysme, et sans avoir baissé le *bout de l'oreille*.

Evidemment Rochefort était de bonne foi... S'il cherchait à tromper les autres, c'était après avoir bien consciencieusement réussi à commencer par lui-même, à se tromper d'abord. Les éléments ne lui manquaient pas. Les cris du *Père Duchesne*, de l'*Officiel*, de la *Montagne* étaient assez violents pour empêcher d'entendre le canon du Valérien qui tonnait à toute heure.

Quelle différence entre ces articles écrits avec esprit, avec aisance, sur un thème usé jusqu'à la corde, et *la grande ribotte du Père Duchesne en voyant que les Versailleux s'enfoncent de plus en plus dans la moutarde.*

« Allons ! allons !

« Du plomb.

« Les roussins ne méritent pas autre chose.

« Ils n'en sont pas aux regardants quand ils ont le « dessus.

« Du plomb.

« Et dur. »

7 *mai*.

LE PARTI DE L'ORDRE.

Le gouvernement de Versailles s'est décidé à faire des aveux. En vain M. Thiers, son digne président, avait monté, à plusieurs reprises, les degrés de la tribune aux harangues, pour déclarer, à la face du soleil qui se jouait dans l'argent de sa chevelure, que, tant qu'il serait à la tête des affaires, la République ne courrait aucun péril : mis au pied du mur par le résultat des élections municipales, le pouvoir versaillais est obligé de reconnaître que la République est bien réellement sa plus mortelle ennemie.

Il n'y a pas jusqu'au style de ses dépêches qui ne se ressente de son désappointement. Il déclare que les élections sont mauvaises, et il reconnaît qu'elles sont républicaines. Si vous voulez connaître au juste le degré de sincérité du démocrate Adolphe Thiers, lisez les journaux de sa domesticité. On pourrait appeler ses dépêches télégraphiques la « confession d'un enfant du siècle. »

Dans tous les centres où, comme à Uzès, Nîmes, Saint-Girons, les légitimistes, les orléanistes ou les bonapartistes ont passé, les feuilles de la maison Picard annoncent le triomphe de « la liste de l'ordre. »

En revanche, pour peu que depuis les journées de Juillet 1830 un élu ait donné le plus léger signe d'indépendance, nos bombardeurs ordinaires n'hésitent pas à le cataloguer dans la liste « républicaine modérée » ou « avancée, » selon le tempérament du candidat.

De sorte que nous sommes en République et que, pour être réputé homme d'ordre par M. Thiers, la première condition à remplir est de ne pas être républicain. La liste de l'ordre, lisez la liste de ceux qui, depuis le 4 septembre, n'ont cessé de conspirer pour recrépir le mariage à la colle de la France avec la branche cadette, pour replacer le goîtreux de Frohsdorf sur le trône de ses pères, qui furent presque aussi goîtreux que lui, ou, chose plus criminelle, si c'est possible, pour jucher de nouveau sur le pavois l'immondice de Sedan !

Si telle est la liste de l'ordre, tous les citoyens qui ne s'y trouvent pas inscrits, que représentent-ils donc aux yeux de M. Thiers? Le pillage, peut-être! L'assassinat, probablement? Le dévastateur à distance de nos propriétés n'ose pas encore le dire, mais ses dépêches télégraphiques parlent suffisamment pour lui.

Essayez donc de la conciliation devant de pareilles effronteries. Le satrape de Seine-et-Oise exige, avant toute négociation, que Paris mette bas les armes. Qu'il mette bas lui-même ses conseillers orléanistes, ses généraux bonapartistes et ses audacieux prétendants, qui, à la barbe des décrets de proscription et de bannissement, se promènent tranquillement en France avec leurs couronnes sur la tête. Et puisque le chef de la conspiration exécutive foule aussi impunément sous ses petits pieds ses serments, — auxquels d'ailleurs personne n'a cru, — il faut que Paris le lui déclare et le lui répète :

Nous avons la République, et partout où le parti républicain a été battu, c'est le parti du désordre qui a triomphé.

Henri Rochefort.

5 *mai.*

LA PRÉSIDENCE DE LA RÉPUBLIQUE.

Paris-Journal annonce que la grosse question qui s'agite dans les bureaux de l'Assemblée de Versailles est celle de savoir si l'on nommera un président de la République.

Les herbivores de Seine-et-Oise ayant tout fait pour tuer cette même République, il est probable que le président qu'ils lui nommeront aura pour mandat impératif de préparer la monarchie.

Nous n'avons pas besoin de déclarer, quant à nous, que, quoi qu'il arrive, l'institution de la présidence nous a toujours paru un vieux reste de monarchisme et que nous la répudions absolument. Je suis citoyen, et ne me sens aucune envie d'être présidé.

De deux choses l'une, en effet :

Ou le président nommé possède une autorité sérieuse, et la plus récente des histoires nous apprend que quand il n'est pas absolument enchaîné par le peuple, c'est, à peu de temps de là, lui qui l'enchaîne ;

Ou le président est un fantoche, une enseigne de perruquier exposée derrière une vitrine, une figure de cire du musée Tussaud signant des décrets sans les lire, et il est bien inutile, en ce cas, de voter des listes civiles à un homme qui n'a ici-bas d'autre mission que de les digérer.

Mais toutes ces considérations mises à part, s'il y a jamais un homme à plaindre, c'est l'infortuné que l'Assemblée versaillaise se propose de choisir pour présider à nos destins. Quand un homme se place à la tête d'un gouvernement, c'est la plupart du temps pour être quelque chose, et celui-là, dès à présent, peut avoir la parfaite certitude d'être moins que rien.

S'il s'imagine que Paris, aujourd'hui en possession de lui-même, est disposé à se laisser centraliser dans ses mains, trois longueurs de présidence, de vingt ans chacune ne suffiront probablement pas à la réalisation de ce rêve.

Qu'il se permette de rester trois mois sans déposer son pouvoir aux pieds du comte de Paris, et la moitié de la Chambre, qui est orléaniste, lui rendra la vie intolérable.

Il est vrai que l'autre moitié, qui est légitimiste, exigera sous peine de déchéance, qu'il adhère à la fusion dans les quinze jours qui suivront son installation au pouvoir.

La République française ne pourrait être présidée actuellement que par deux sortes d'individus : un homme de génie ou un idiot. L'homme de génie, s'il existait à Versailles, nous nous hâterions de l'écarter comme éminemment dangereux. Quant à l'idiot, nous serions bien naïfs de le payer si cher, quand on les a pour rien dans les couloirs de l'Assemblée. Il reste, en conséquence, à la République un seul et unique parti à prendre, c'est de se présider elle-même.

Henri Rochefort.

Repousser cette transaction, quelle faute! quel aveuglement! Mais était-ce de Paris que l'on pouvait juger les moyens de sauver la République quand la gauche extrême restait muette, ignorante, impuissante? Ceux dont les sympathies pour la Commune n'avaient qu'une excuse : l'éclairer, gardaient encore le silence! ou s'ils parlaient, leurs paroles étaient plus mauvaises que leur silence.

5 *mai.*

LES VIEUX DE LA VIEILLE.

Un de nos correspondants, le citoyen Alavaill, délégué de la Commune à la navigation de la Seine, nous adresse la question suivante :

Si, au lieu de choisir pour leur confier les pouvoirs communaux des hommes de lettres, des travailleurs dont les mains sont encore meurtries des travaux de l'atelier ou des officiers plus braves que gradés, Paris avait fait la Révolution du 18 mars pour installer à l'hôtel de ville de gros propriétaires, des banquiers ou d'opulents administrateurs de chemins de fer, croyez-vous que M. Thiers aurait osé prendre sur lui de canonner à outrance, comme il se plaît à le faire, cette fameuse ville, que le monde civilisé avait toujours reconnue pour sa capitale?

C'est précisément parce que nous ne le croyons pas que nous n'avons cessé de déclarer que la Révolution du 18 mars était surtout une révolution sociale. Ce qui exaspère le Versaillisme, ce n'est pas tant que Paris ait secoué son joug, c'est qu'il soit aujourd'hui dans les mains du peuple. Savez-vous au juste ce qui rend la conciliation si difficile? C'est que les de Kerdrel, les de Galiffet et les de Broglie ne font pas à Paris une guerre d'opinion, ils lui font une guerre de castes. Étant donnés un Bonaparte et un d'Orléans, ils peuvent essayer de se détrôner mutuellement, mais ils ne sauraient se haïr, car les systèmes royaux et impériaux étant à peu de chose près les mêmes ils se sentent unis, malgré eux, par une communauté de procédés et d'intérêts.

La politique n'a été jusqu'ici qu'un jeu de bascule, aujourd'hui c'est un effondrement. Jamais ceux qui possèdent, et qui doivent dix-neuf fois sur vingt leur situation politique au nombre de leurs hectares de terre ou de leurs pignons sur rue, n'admettront la prépondérance de l'immense majorité qui se compose de ceux qui ne possèdent pas.

« Ainsi, se disent-ils, c'est le Paris des travailleurs qui gouverne et non celui des oisifs, des rentiers et des hommes d'État patentés. Comment, moi qui ai un hôtel aux Champs-Élysées et sept chevaux dans mes écuries, j'obéirais à des décrets rendus sur l'initiative de X..., peintre sur porcelaine, ou de Z..., graveur sur métaux! Plutôt la lutte, plutôt le bombardement! Car il est évident que ces gens-là, une fois au pouvoir, vont s'occuper principalement de ceux qui n'ont pas plus qu'eux, tandis que jusqu'à ce jour nous avons seulement songé à protéger ceux qui avaient autant que nous. »

Prenons un instant au sérieux cette supposition que Henri V, fatigué de ses quarante ans d'exil, parvienne à rentrer subrepticement dans Paris et que, par un de ces soubresauts d'opinion comme la France aime à en exécuter, il arrive à remplacer le gouvernement de l'hôtel de ville : il est bien évident qu'étant en révolte ouverte contre le pouvoir exécutif nommé à Bordeaux par l'Assemblée, il serait exactement, à l'égard de M. Thiers, dans la même situation que la Commune, puisqu'il aurait levé contre lui, comme elle l'a fait elle-même, l'étendard de la révolte, le seul étendard que les Prussiens ne nous aient pas confisqué.

Eh bien! que ce fait, d'ailleurs invraisemblable, se produise seulement pendant vingt-quatre heures, et vous verrez le bombardement cesser tout à coup comme par enchantement. Les vieux détritus d'émigration, qui suivraient leur souverain légitime aux remparts pour les défendre contre les attaques du parti de l'ordre, ne seraient certainement plus traités, par les Dufaure de la maison, de repris de justice ou d'assassins à gages.

C'est tout au plus si M. Thiers, jaloux de conserver encore quelques semaines ce pouvoir qu'il a trouvé dans une botte de foin, se permettrait d'adresser au chef de ces insurgés du grand monde quelques représentations respectueuses :

« Nous comprenons, sire, l'impatience qui vous tourmentait de revoir votre bonne ville de Paris; mais ne pensez-vous pas qu'il serait à la fois plus prudent et plus digne de vos aïeux d'attendre encore, avant d'y rentrer, que le pays ait pris une décision définitive sur la forme de gouvernement qu'il lui conviendra de se donner? »

Ce qui effraie M. Thiers et les gentilshommes de sa chambre, ce n'est pas tant le triomphe de ce qu'il appelle « l'insurrection » que l'apparition de ces hommes nouveaux, qu'il avait pris l'habitude de considérer comme des sujets, et que la France semble vouloir aujourd'hui se donner pour maîtres. L'invalide de Versailles, avec ses soixante-quinze ans sonnés, représente naturellement le vieux monde, et il ne peut sentir sans une terreur sourde, mêlée d'une non moins sourde colère, le vieux monde se crevasser sous ses pieds.

En vain, pour essayer de faire accroire aux puissances étrangères que les choses sont encore dans le même état que du temps de Philippe-Auguste, cet ancien roué continue-t-il à choisir ses ambassadeurs parmi la fine fleur de la gentilhommerie versaillaise. En vain lit-on tous les matins dans son *Officiel* des annonces comme celles-ci :

« M. le marquis de Saint-Cucufin est nommé ministre plénipotentiaire de France aux îles Philippines ;

« M. le duc de la Vieille-Montagne est envoyé au Guatemala en qualité de consul de première classe ;

« Et M. le comte de Latour-Prends-Garde vient d'être choisi pour représenter le gouvernement auprès de la République Argentine. »

Tout ce cabotinage ne fait plus illusion à personne. Vos ambassadeurs sont des momies, votre assemblée nationale est une pétrification géologique, vos discours et vos circulaires sont écrits en langue morte, et si vous régnez encore quelque part, c'est dans un cimetière.

HENRI ROCHEFORT.

Il est assez curieux de rapprocher de cet article celui que Rochefort avait dirigé l'avant-veille contre *Paschal Grousset* et dont, évidemment, il se rappelait encore en écrivant sa péroraison fantaisiste. Nous demanderons la permission de l'appeler les

JEUNES DE LA JEUNE.

Le *Journal officiel* a publié hier une note où il est dit que le citoyen Paschal Grousset n'est pas délégué « aux affaires étrangères, » qui comprennent les rapports de la Commune avec les départements et avec l'étranger.

L'*Officiel* ajoute : « On peut juger, par cet exemple, de la bonne foi que les royalistes apportent dans leurs informations. »

Si les relations extérieures comprennent les rapports avec l'étranger, ce sont les affaires étrangères. Il n'y avait pas plus matière à rectification à ce sujet qu'à propos de l'information publiée par le *Mot d'Ordre* sur le retour de Passy du 181e bataillon, puisque l'*Officiel* confirme purement et simplement ce que nous avons dit.

Nous ignorons si la ville de Passy fait partie des relations extérieures, mais nous constatons que le délégué à ces relations avait déjà, dans son journal, l'habitude fâcheuse de traiter de « royalistes » tous ceux qui ne partageaient pas abolument son opinion sur toutes les questions à l'ordre du jour.

On peut raconter que le ministre de la République de l'Équateur n'a fait aucune visite à M. Paschal Grousset, sans cesser d'être au moins aussi bon républicain que M. le délégué.

Si Rochefort est mécontent des ambassadeurs de la République constitutionnelle, qu'il ne connaît point, il n'est pas moins opposé à ceux de la Commune qu'il connaît trop. S'il fallait choisir entre Paschal Grousset et le marquis de Saint-Cucufin, à qui Rochefort donnerait-il la préférence? Le Guatemala, où il veut que l'*Officiel* de Versailles envoie M. le duc de la Vieille-Montagne, est bien près de l'Equateur dont l'ambassadeur est venu féliciter M. Paschal Prends-Garde, à la grande joie du *Père Duchêne.*

10 mai.

LA SOMMATION DU GÉNÉRAL THIERS.

Quand un officier n'a plus qu'une dizaine d'hommes sous la main et qu'il voit approcher l'ennemi en forces, il ne lui reste généralement qu'un moyen de se tirer d'affaire : c'est d'enfler sa voix le plus possible et de lancer des commandements, en ayant soin de les faire répéter par ses dix soldats de façon à ce qu'en les entendant se répercuter l'ennemi croie avoir affaire à des troupes nombreuses.

La sommation de M. Thiers aux Parisiens rappelle à s'y méprendre ce vieux truc si connu des militaires. En se voyant abandonné d'abord par les grandes et ensuite par les petites villes, qui, pour la plupart, ont nommé, au nez et à la barbe des sergents de ville versaillais, des conseils municipaux absolument républicains, l'homme politique en terre glaise qui se considère comme le maître de nos destinées a commencé à trembler sur son socle; mais quand les dits conseils municipaux ont annoncé publiquement qu'ils allaient envoyer à Bordeaux des délégués chargés de remettre Versailles dans la bonne voie, il a compris qu'il allait désormais se trouver seul et qu'il était irrévocablement perdu.

C'est alors qu'il a entonné le porte-voix des grandes attaques et qu'après avoir annoncé qu'il enverrait contre les conseillers municipaux sympathiques au mouvement parisien toutes les troupes qu'il n'a pas, il a annoncé à la capitale insurgée qu'avant très-peu de jours il camperait lui et sa vaillante armée sur la place de la Concorde.

Parisiens, mes compatriotes, soyez-en bien convaincus, Thiers ne nous crie d'une voix si menaçante : « Ouvrez-nous les portes ! » que parce qu'il se sent incapable de les ouvrir lui-même. Il avait invité toute la France à marcher contre Paris, et il résulte des dernières élections municipales que, si la France se décidait à marcher contre quelqu'un, ce serait contre Versailles.

Croyez-vous que s'il ne flairait pas quelque prochain

Waterloo, il nous sommerait ainsi de capituler, lui qui nous a si bien bombardés sans sommation ?

Il entend les départements gronder autour de lui, et, après avoir gagné la province pour éviter Paris, il rêve de rentrer dans Paris pour éviter la province.

Pour qui sait un peu lire entre les lignes du *Journal officiel* de Versailles, les menaces et les ultimatums du général Thiers signifient simplement ceci :

« Rendez-vous, ou sinon... c'est moi qui vais être obligé de me rendre. »

HENRI ROCHEFORT.

14 *mai.*

LA PEAU DE L'OURS.

Ces gens-là sont décidément étourdissants. Tandis que les départements protestent dans la mesure de leurs votes contre le bombardement de la capitale ; tandis que les Prussiens eux-mêmes, indignés de les voir canonner aujourd'hui les Français que leur empereur canonnait hier, les abandonnent à leur malheureux sort, les Versaillais se demandent tranquillement à quelle sauce ils mangeront les Parisiens.

Rasé comme on ne l'est pas, M. Thiers déclare qu'un tour de broche lui paraît suffisant. C'est alors que le plus Mortimer de tous les Ternaux s'élance à la tribune et déclare que cette indulgence envers la Grande Révoltée frise la trahison, et demande, avec menaces, combien M. Thiers a l'intention de passer de fédérés par les armes.

— Mais une quinzaine environ, répond le pauvre Thiers, qui tremble pour le restant de ses immeubles.

— Une quinzaine, s'écrie le plus Ternaux de tous les Mortimer, vous voulez évidemment plaisanter! Il nous faut cent cinquante mille cadavres, ou nous vous lâchons tous comme un seul homme, après avoir déclaré que vous n'êtes qu'un insurgé.

La seule idée qui ne soit pas venue à ces aspirants fusilleurs, c'est qu'avant de disposer ainsi de Paris, il faudrait au moins arriver à le prendre. Rien n'est terrible comme une condamnation à mort, à une condition cependant : c'est qu'on tiendra le condamné. Lisez, chers lecteurs, à la seconde page du journal, la dernière séance de l'assemblée de Versailles. Le sans-gêne avec lequel ces députés contumaces, qui au premier ébranlement populaire ont pris la poudre d'escampette, la seule dont ils sachent se servir, disposent de nos existences est véritablement prodigieux.

On ne se fait aucune idée du courage que leur donnent les vingt-cinq kilomètres qui séparent Versailles de Paris. Kerdren (de) exige que nous soyons tous fusillés, mais il ne songe pas une minute à venir exécuter lui-même dans Paris ce projet régénérateur. On voit, à la lecture de l'*Officiel* versaillais, que l'infortuné Thiers, à peu près décrété d'accusation par ces braves à distance, avait cette réplique sur les lèvres :

« Je comprends parfaitement que vous veuillez tout dévorer, vous qui, en qualité de Bretons, de Berrichons et d'Angevins, ne possédez aucun hôtel place Saint-Georges. Si chacun de vous avait seulement une maison rue Quincampoix, vous y mettriez un peu plus de réserve. »

O ingratitude! Depuis un mois, le père Transnonain lance des boîtes à mitraille sur la ville qui a eu la naïveté de l'élire. Il approuve du geste les Vinoy qui fusillent les prisonniers désarmés, et, pour prix de tant d'obus, l'assemblée à laquelle il a tout sacrifié, lui taille des croupières pour sa mollesse et sa pusillanimité. Le moment n'est peut-être pas éloigné où ce chef du pouvoir exécutif sera réduit, pour échapper à la vindicte de Barascut, à se réfugier dans Paris et à s'y faire nommer membre de la Commune.

Notre seule crainte, quant à nous, n'est qu'à force de le persécuter, les Lorgeril, les Kerdrel et les Mortimer finissent par lui constituer une sorte de popularité relative; et notre seule espérance, c'est qu'après l'avoir renversé comme soupçonné de républicanisme, ces réactionnaires furibonds prendront sa place.

L'idée de la Commune fait tous les jours de nouveaux progrès. On a pu le constater par les dernières élections municipales, mais le jour où les Kerdrel, les Lorgeril et les Ternaux seraient chargés de la combattre, ils se livreraient contre Paris à de tels actes de démence que, l'opinion publique sachant enfin à quoi s'en tenir, notre complet triomphe serait à tout jamais assuré.

Henri Rochefort.

Mais que Rochefort se rassure, ce ne sont pps seulement les Kerdrel, les Lorgeril et les Ternaux qui sont chargés de combattre l'idée de la Commune. De vrais républicains se sont dévoués à cette œuvre patriotique. C'est avec regret qu'ils se sont séparés de leurs amis abusés par une combinaison de circonstances horribles. Mais les Kerdrel, les Ternaux, les Lorgeril auront à leur passer sur le corps avant de toucher à la République. Leurs amis abusés les trouveront tout prêts à les défendre du moment qu'on pourra le faire sans sacrifier le salut de la

France républicaine et du moment qu'ils auront ouvert les yeux sur la terrible conséquence des fautes que des traîtres leur avaient fait commettre. S'ils cherchent encore à démasquer des infâmes, c'est afin d'avoir le droit de sauver ceux qui méritent de l'être et de flétrir à jamais devant l'histoire impartiale la Prusse immonde.

Nous avons vu plus haut que Rochefort voyait dans les plaintes de Thiers contre les *tracasseries* de la majorité un signe évident de dislocation prochaine, un symptôme indiscutable d'agonie. L'article suivant prouvera sa bonne foi, car il acclame la destitution de Cluseret. Il se trouve d'accord, cette fois, avec le *Père Duchesne*. Il ne voit point que cette arrestation est l'expédient *in extremis* d'un pouvoir aux abois, réduit à chercher partout des traîtres ; triste ressource. Que sont les *tracasseries* de la majorité constitutionnelle auprès des orages de cette assemblée fébrile, qui sent que le châtiment s'avance ! qui mettrait bas les armes, si elle n'avait, pour s'évader en Angleterre, la porte que la Prusse tient ouverte toute grande?

3 *mai*.

L'ARRESTATION DU GÉNÉRAL CLUSERET.

Il n'y a pas à douter qu'à propos de l'arrestation du général Cluseret la réaction n'accuse la Commune de s'entre-dévorer. Le journal *la France* triomphe dès ce soir de cet événement, qui certes est grave dans les circonstances actuelles. Nous ignorons sur quel soupçon le général a été destitué et incarcéré, et nous attendons que la Commune nous donne à ce sujet les explications qu'elle nous doit.

Mais nous tenons à le déclarer, nous préférons de beaucoup le système qui consiste à remplacer ainsi brusquement le fonctionnaire ou le général coupable d'impéritie, à celui qu'emploient d'ordinaire les gouvernements monarchiques, dont la principale préoccupation a toujours été de cacher à tous les yeux les crimes de leurs grands dignitaires.

L'empire se sentait si profondément atteint par les vols des Palikao, les opérations véreuses des Morny et les assassinats commis par les chefs des bureaux arabes, qu'il n'a jamais manqué d'enfouir dans le plus profond mystère toutes les turpitudes qui l'ont illustré pendant vingt ans.

La République, elle, est tellement au-dessus des hommes qui la servent, elle se tient si bien en dehors des fautes qu'ils peuvent commettre, qu'elle n'a personne à ménager. Ce qui la distingue des autres gouvernements, c'est précisément qu'elle ne s'entoure d'aucune créature et ne conclut avec qui que ce soit de pacte compromettant.

Robespierre a répondu d'avance à toutes les observations dont Versailles ne va pas manquer d'accabler la Commune à propos de la consommation de généraux qu'elle se permet depuis quelque temps. Il s'agissait de répliquer à un discours de Pitt au sujet de l'accusation de vénalité et de corruption portée par la Convention contre Chabot, Fabre, Delaunay, Bazire et quelques autres.

« Savez-vous, disait Robespierre, quelle différence il y a entre eux (les membres du Parlement anglais) et les représentants du peuple français? C'est que cet illustre parlement est entièrement corrompu, et que nous ne comptons dans la Convention nationale que quelques individus atteints de corruption ; c'est qu'à la face de la nation britannique les membres du Parlement se vantent du trafic de leur opinion et la donnent au plus offrant, et que parmi nous, quand nous découvrons un traître ou un homme corrompu, nous l'envoyons à l'échafaud!... »

Et le grand révolutionnaire ajoutait, aux applaudissements frénétiques de l'Assemblée :

« Dans quel pays a-t-on vu encore un Sénat puissant chercher dans son sein ceux qui auraient trahi la cause commune et les envoyer sous le glaive de la loi? Qui donc a encore donné ce spectacle au monde?... Vous, citoyens!

« Voilà, citoyens, la réponse que je fais en votre nom à tous les tyrans de la terre, voilà celle que vous ferez aux manifestes de nos ennemis, à ces hommes couverts de crimes, qui oseraient chercher la destruction de la Convention nationale dans l'avilissement de quelques hommes pervers. »

Nous conseillons non-seulement aux réactionnaires de Paris, mais encore aux bombardeurs de Versailles de méditer ces belles paroles. En effet, la différence qui existe entre le gouvernement de l'hôtel de ville et celui du petit Trianon, c'est que quand on signale au premier le général Cluseret comme coupable de fautes sérieuses ou d'erreurs préjudiciables au salut commun, elle le fait arrêter; tandis que si un journal raconte au second que M. Ernest Picard, son ministre, est un malandrin, qui pendant toute la durée du siége a tripoté à la Bourse sur les défaites de nos armées, M. Thiers, loin de fourrer en prison ce fonctionnaire prévaricateur, fait supprimer, par arrêté du général Vinoy, le journal qui le dénonce.

HENRI ROCHEFORT.

La fin de cet article est sans doute une allusion à

quelque dénonciation calomnieuse écrite dans le *Mot d'Ordre*. Rochefort n'aurait certes point fait cette sortie contre M. Picard, s'il avait vu l'acharnement avec lequel les Lorgeril, les Kerdrel, etc., etc., tous les royalistes qu'il abhore, déchirent ses anciens collégues du gouvernement de la *Défense nationale*. Il aurait compris qu'attaquer Picard est un acte de mauvais citoyen, car Picard empêche les réactionnaires de monter à l'assaut du pouvoir exécutif. Le gouvernement, grâce au ciel, n'est point entre les mains de la majorité de la Chambre, souveraine de droit; elle n'est pas souverainé de fait, parce qu'il existe en France une république qui domine l'Assemblée, le Pouvoir exécutif et la Commune elle-même. Picard a les honneurs de la fin du premier-Paris du 3. Il ouvre le premier Paris, du 4. Le 3 s'endort avec une fausse nouvelle. C'est avec une fausse nouvelle aussi que le 4 il se frotte les yeux, qu'il s'éveille.

7 mai.

LES JOURNALISTES A VERSAILLES.

La petite balle explosible connue sous le nom d'Adolphe Thiers annonçait il y a deux jours aux concombres versaillais que les départements étaient parfaitement tranquilles. La grosse bombe à pétrole qu'on appelle Ernest Picard a avoué hier, du haut de la tribune, que Lyon venait de s'insurger et que la ville de Thiers (Puy-de-Dôme) avait arboré le drapeau de la Commune.

Ce personnage huileux avait assuré à ses collègues, le mois dernier, que l'insurrection parisienne touchait à sa fin. Naïve comme tous les ruminants, l'Assemblée de Versailles attendait bonnassement le dénouement promis. C'est alors que le vérace Picard est remonté à la tribune et a raconté que, s'il s'était trompé dernièrement en promettant la fin de l'insurrection, il pouvait aujourd'hui annoncer *avec beaucoup plus de certitude que la dernière fois* que cette fin approchait.

Puisqu'il annonçait la veille, sans en être autrement sûr la victoire définitive de l'armée de Versailles, rien n'établit qu'il en fût plus sûr le lendemain. Ces déclarations fantastiques prouvent que non-seulement le gouvernement que nous combattons trompe la province à l'aide de ses journaux, mais qu'il trompe l'Assemblée elle-même à l'aide de ses discours.

Dans ces conditions comment voulez-vous que ces malheureux députés, abusés par ceux qui les dirigent, arrivent jamais à connaître la vérité sur la situation ? M. Thiers les a, en style d'estaminet, pour ainsi dire, « chambrés, » et leur raconte tout ce qu'il veut. Et c'est au milieu des terreurs folles où les plongent les récits qu'on leur fabrique de maisons dévalisées, de femmes soumises aux derniers outrages et d'enfants au-dessous de trois ans condamnés à mort par la Commune, que plusieurs journalistes, à coup sûr très-charitablement intentionnés, proposent à la presse de constituer, sans distinction de parti, une délégation qui s'aboucherait, au nom de l'humanité, avec les terrorisés qui tremblottent à Versailles !

Si nous entrevoyions le moindre entre-bâillement par où l'on pût sortir de cette guerre civile, nous nous y précipiterions avec frénésie ; mais en conscience, quel résultat peuvent espérer les plus modérés de nos confrères quand les milliers de commissaires de police répandus dans les environs de Paris ont reçu du préfet-gendarme Valentin l'ordre de saisir tous les journaux, à quelque nuance qu'ils appartiennent, qui s'impriment dans la ville insurgée, et de les brûler en place pnblique comme au meilleur temps de la Sainte-Inquisition?

Tout homme qui tient une plume, même favorable à leur cause, est l'ennemi naturel de ces gens-là, qui n'ont jamais su gré à un écrivain des services qu'il leur rend, et qui ne lui pardonnent pas le mal qu'il pourrait leur faire. Le rêve de tous les pouvoirs réactionnaires et despotiques est de supprimer les journalistes et non de s'entendre avec eux.

Le projet de former entre les publicistes un syndicat chargé d'aller protester à Versailles contre le bombardement de Paris nous paraît donc présenter peu de chance de succès. Si l'incorrigible Thiers n'a pas compris en nous lisant que Paris est désormais résolu à se passer de de son monde, il ne le comprendra pas davantage en nous écoutant. Je perçois d'ici la réception qui serait faite à nos délégués par le chef de l'exécutif. Il leur reprocherait de pousser à l'émeute, de méconnaître le génie militaire de Mac-Mahon et le courage de Vinoy, et les mettrait ensuite à la porte, trop heureux s'ils n'étaient pas arrêtés à la sortie, comme Lockroy, et déférés au conseil de guerre pour port illégal de journaux prohibés.

Le journalisme parisien n'a rien à faire, à notre avis, auprès des effarés versaillais, qui nous en veulent trop de nos articles pour se rendre jamais à nos paroles. Nous perdrions nos arguments, tout en compromettant notre dignité auprès du vieillard têtu, qui, du reste, refuserait probablement de nous recevoir. Car M. Thiers n'est pas seulement un invalide, hélas! c'est un invalide à la tête de bois!

HENRI ROCHEFORT.

Rochefort avait salué comme une libération, comme une ère nouvelle l'arrestation de Cluseret. Mais ce n'était point assez que le changement de délégué à la guerre, pour galvaniser le cadavre déjà putréfié de la Commune. Il fallait essayer de ce moxa révolutionnaire que l'on nommait le *Comité de salut public.* Antoine Armand, Leo Meillet, Ranvier, Félix Pyat, Charles Gerardin sont chargés de sauver la Commune. Louis Napoléon Bonaparte était moins ridicule sur la place de Boulogne avec le petit chapeau, l'aigle et le morceau de lard. Où est Robespierre? Où se cache Saint-Just? Quel est le Guyton de la bande infâme? Sortis du ruisseau, les scélérats vont rentrer dans l'égout. Une partie de la Commune a reculé : 28 voix sur 68 votants ont voté pour la négative... Rochefort résiste avec énergie; l'article du 5 mai en est la preuve.

LE COMITÉ DE SALUT PUBLIC.

La commission exécutive est remplacée par un Comité de salut public : rien de mieux, puisqu'il il paraît établi que les travaux des membres de la commission, presque tous délégués à différents ministères, les empêchaient de donner à l'exécution des décrets de la Commune tout le temps et toute l'attention nécessaires. Le salut public est d'ailleurs, en effet, trop compromis, pour que nous ne sachions pas un gré infini à ceux qui veulent bien se charger de nous sauver.

Nous ne pouvons cependant laisser passer sans observation une phrase dont l'auteur du projet de décret, le citoyen Jules Miot, a accompagné sa proposition.

« Il faut, a-t-il dit, un Comité qui donne une impulsion nouvelle à la défense, et ait le courage, s'il le faut, de faire tomber les têtes des traîtres. »

Le citoyen Jules Miot, qui a acheté par de si longues souffrances, si bravement supportées, l'estime dont il est justement entouré, a peut-être eu tort d'annoncer ainsi d'avance que le Comité de salut public aurait pour mission de faire tomber les têtes des traîtres. L'échafaud d'ailleurs ayant été brûlé solennellement il y a environ quinze jours, sur le boulevard Voltaire, il serait assez difficile à cette heure de « faire tomber » une tête, fût-ce celle d'un traître, à moins de reconstruire la guillotine, auquel cas il était bien inutile de la brûler. En outre, — et à moins que le citoyen Miot n'ait eu en vue, en prononçant ces paroles dangereuses, quelque personnalité suspecte — nous croyons que tous les traîtres ayant eu le loisir depuis deux mois d'aller suivre à Versailles leurs chefs de file : Thiers, Vinoy, Picard et autres grands prévôts de la trahison nationale, il doit en rester actuellement extrêmement peu à Paris.

Si c'est simplement des traîtres qui mènent aujourd'hui l'Assemblée de Versailles... à sa perte que l'honorable membre de la Commune a voulu parler, nous ferons observer qu'ils ont pris trop de soin de se mettre à l'abri pour qu'il soit facile de les atteindre. Autant vaudrait annoncer l'exécution capitale du roi de Prusse, dans les bras duquel, du reste, ils se jetteraient à corps perdu plutôt que d'affronter la justice populaire.

Le Comité de salut dublic a donc, à notre avis, à remplir un autre devoir que celui de faire tomber des têtes posées sur des épaules aussi éloignées de nous. Ce qu'il doit faire, c'est de propager par tous les moyens possibles ce mouvement communal qui se prononce si énergiquement par toute la France. Si nos renseignements sont exacts, les élections municipales, qui sont très-bonnes en général, constitueront une rescousse excellente pour le Comité de Paris.

Les moyens violents ne nous répugneraient pas plus qu'à d'autres le jour où nous les croirions nécessaires, et si nous nous appelions la Commune, nous aurions forcé depuis longtemps M. Thiers à nous restituer Blanqui; mais on s'apercevra bientôt que le travail qui s'opère et l'élan qui se poursuit sont infiniment plus socialistes que jacobins.

Le vieux monde est sous le coup d'une transformation mystérieuse, à laquelle les bons propriétaires de Versailles ne comprennent pas un mot, et dont les hommes de l'hôtel de ville eux-mêmes, tout en y contribuant de toutes leurs forces et de tout leur cœur, ne se rendent peut-être pas encore un compte bien exact. Il s'agit, en ce moment, non plus de couper les têtes, mais d'ouvrir les intelligences.

Les révolutions se succèdent, et elles ont eu jusqu'ici le grand tort de se ressembler. Prendre aujourd'hui à la lettre les paroles menaçantes du citoyen Miot serait, de la part du Comité de salut public, aller contre le but auquel nous tendons tous. Il ne s'agit plus pour Paris d'étonner et de terroriser le reste de la France, mais bien de le séduire et de le solidariser.

HENRI ROCHEFORT.

Mais il n'était point donné à Rochefort de prononcer son *quos ego* dans cette tempête sanglante.

Il fallait que l'évolution horrible allât jusqu'au bout. C'est Bonaparte qui nous a fait ce que nous sommes, avait raison de dire Rochefort quelques jours plus tard. Voilà le châtiment qui s'avance... non celui que Hugo, aveugle poète, tapi dans son logement de la place des

Barricades, avait entrevu comme couronnement de l'édifice de son poème... C'est le peuple qui est châtié... de quoi?.. du crime qu'il a commis?.. Non... non... de celui qu'il a laissé commettre en Décembre.

Discite justiciam moniti.

Après l'arrestation de Cluseret, celle de Rossel... comme après le comité Pyat, le comité Delescluze. Après la hyène, le jaguar.

Rochefort ne veut pas de l'arrestation de Rossel. Cette fois il ne tombe point d'accord avec le *Père Duchesne* qui a fait hurler dans les rues sa *grande colère contre le délégué de la guerre.*

« Et tout ça doit être passé par les armes.

« Et en un temps, un mouvement.

« Vous êtes de drôles de citoyens, citoyens membres de « la Commune.

« Vous ne comprenez rien à la Révolution.

« Vous tremblez pour votre peau.

« Et c'est pour cela que vous ne faites rien. »

Oui, ils tremblent pour leur peau, depuis longtemps, citoyen Père Duchesne. C'est pour cela qu'ils ont trahi avec la Prusse et qu'ils trahiront encore, c'est pour cela qu'affolés ils brûleront les édifices publics et massacreront les otages.

Jeudi 11 mai.

LA DÉMISSION DE ROSSEL..

Rossel communique à Rochefort copie de la lettre qu'il a adressée à la Commune. Dans cette lettre œuvre d'un fou, Rossel finit par demander une cellule à Mazas.

Nous sommes entièrement de l'avis du citoyen Rossel,

sauf quand il demande pour lui une cellule à Mazas. Il nous paraît évident, en effet, que, par la crise que nous traversons, la situation militaire primant toutes les autres, il nous faut ici un dictateur chef du pouvoir exécutif, comme nos ennemis de là-bas ont eu la précaution d'en choisir un.

Que ce maître absolu dans l'organisation de la défense de Paris s'appelle Rossel ou de tout autre nom, ce n'est pas à nous à indiquer quelqu'un, mais bien à la Commune à chercher son homme.

Nous n'avons, pour notre part, qu'un mot à dire : elle n'a pas un jour à perdre pour le trouver.

HENRI ROCHEFORT.

Voilà Rochefort, comme l'était Diogène, à la recherche *d'un homme*, mais Rochefort aurait beau avoir sa lanterne qu'il ne le trouverait pas. Il demande un homme et la Commune lui donnera un monstre : *Delescluze*.

3 *mai*.

NOUS DEMANDONS DES PREUVES.

Ne connaissant pas même de vue le colonel Rossel, et n'ayant d'ailleurs aucun plan de campagne à offrir à la Commune, nous sommes tout à fait à notre aise pour apprécier les motifs qui semblent avoir dicté et la destitution et l'arrestation du délégué à la guerre.

Eh bien ! nous le déclarons : nous avons énuméré toutes les accusations qui pleuvent actuellement sur le jeune et déjà retraité commandant en chef de l'armée, et il nous a été absolument impossible d'y découvrir les preuves de cette « grande trahison » qui se crie dans la rue comme celle du comte de Mirabeau.

Il a annoncé sans ménagement à la population parisienne l'apparition du drapeau de Versailles sur le sommet du fort d'Issy. Si le fait eût été faux, c'eût été certainement de la trahison ; mais comme il était vrai, c'est tout au plus de la colère, et la protestation d'un chef militaire qui a probablement voulu dire :

« Si l'on avait écouté mes avis et exécuté mes ordres, notre drapeau flotterait encore sur le fort en question. »

Avoir tiré à dix mille exemplaires l'affiche qui publiait cette mauvaise nouvelle, quand les imprimés de la Commune ne sont ordinairement tirés qu'à six mille, n'est pas non plus un fait de nature à servir de base sérieuse à une prévention de haute trahison.

Un homme peut s'emporter contre ceux qui partagent avec lui le pouvoir, les braver, les injurier même, sans être nécessairement traître à son pays. Nous arriverons peut-être un jour à convenir que le citoyen Rossel en est un de la plus dangereuse espèce ; mais nous attendrons, pour embrasser cette conviction, qu'on nous expose un délit un peu plus concluant que celui d'avoir fait tirer dix mille exemplaires d'une affiche.

HENRI ROCHEFORT.

Des preuves... demande Rochefort. Des preuves... tout à l'heure il demandait un homme ; il n'aura ni homme ni preuves !

Le *Père Duchesne* va lui répondre par sa grande motion du 20 *floréal an* 79, pour que le délégué à la guerre soit revêtu de pouvoirs conséquents, et qu'on ne lui foute pas toujours des bâtons dans les roues.

Le délégué à la guerre n'est plus Rossel qui a disparu

avec Gérardin, chargé de l'arrêter. C'est Delescluze, délégué civil à la guerre; on pourrait dire, on ferait mieux de dire *délégué à la guerre civile.* L'homme de *Risquons Tout*, qui n'a jamais rien risqué, doit chercher déjà les moyens de se faire passer pour mort.

Rochefort, qui connaît son Delescluze, sait que le règne du nouveau Comité de salut public va être celui de la délation, du soupçon, de la défiance organisée. Il va protester encore... protestation courageuse, éloquente, mais inutile. La cour martiale, qui avait cessé de fonctionner, est réorganisée.

Delescluze célèbre son avénement par de nouvelles suppressions de journaux, le *Moniteur*, l'*Observateur*, l'*Univers*, le *Spectateur*, l'*Etoile*, l'*Anonyme*, le *Siècle*, la *Discussion*, le *Corsaire*, le *Journal de Paris*.

Voilà, si nous ne nous trompons, l'hécatombe offerte à la liberté de la presse par l'ancien rédacteur en chef du *Réveil*.

Le *Père Duchesne* est bougrement content du père Delescluze.

Car le père Delescluze ne passe pas son temps à se dorlotter sur les matelas du jeanfoutre Lebœuf.

Et il a foutu des ordres rudement bons.

Et le *Père Duchesnes* enfonce rudement sa casquette sur ses yeux pour rire à son aise.

Mais Rochefort est triste et il écrit avec sa meilleure encre les lignes suivantes :

1er *mai.*

SOUPÇONNEURS ET SOUPÇONNÉS.

Ce qui ronge la Commune, désagrége le Comité central, énerve la garde nationale, et finalement dissout la République, ce n'est ni le Prussien installé à nos portes, ni les obus de M. Thiers, ni les lois élaborées par M. Dufaure : ce qui nous tue, c'est la défiance.

L'hôtel de ville se défie du ministère de la guerre; le ministère de la guerre se défie de la marine; le fort de Vanves se défie du fort de Mont-Rouge, qui se défie du fort de Bicêtre; Raoul Rigault se défie du colonel Rossel, et Vésinier se défie de moi.

La défiance, qui a été de tout temps la plaie du parti républicain, y est passée, depuis les derniers événements, à l'état de fléau. Pour peu qu'un homme ait joui de quelque autorité pendant quarante-huit heures, quinze voix, tout en se défiant les unes des autres, se réunissent pour s'écrier :

« Arrêtons-le, il doit être vendu aux d'Orléans. »

Le colonel Rossel dirige les affaires depuis huit jours à peine, et l'heure de suspicion a déjà sonné pour lui. Il était fortement question de l'appréhender au moment même où il écrivait la lettre qui a paru hier matin dans le *Mot d'Ordre*. Accuse-t-on aussi ce général d'être vendu aux d'Orléans? Cela ferait bien des militaires achetés par cette riche famille, sans compter les journalistes qu'elle s'offre de temps en temps! Car si je ne me trompe, moi qui avais quinze ans quand les d'Orléans ont quitté la France, où ils ont le tort grave de rentrer continuellement, moi qui ne sais seulement pas comment un d'Orléans est fait et qui n'hésiterais pas à les faire fusiller le jour où je les rencontrerais en rupture d'exil, j'ai déjà reçu les confidences d'un certain nombre de réactionnaires qui m'ont glissé d'un air fin ces mots significatifs :

« Ce qui vous fait quelques amis dans la classe bourgeoise, c'est que beaucoup de gens sont convaincus que vous voudriez ramener les d'Orléans. »

En temps ordinaire, les soupçons de ce genre ont très-peu d'importance ; Vésinier m'a présenté dernièrement à ses lecteurs comme vendu aux Bonaparte, et l'on sait si je m'en suis ému ; mais lorsqu'au lieu de s'attaquer à un journaliste, ces accusations s'adressent, dans un moment de crise, à un général, elles dégénèrent promptement en calamité publique. Il est évident que la défense de Paris ne s'organisera jamais au milieu de cette société de défiance mutuelle qui compose toutes les branches du gouvernement.

Le temps presse, Versailles est à nos portes, et tandis que les détenteurs du pouvoir communal passent leurs journées à s'observer les uns les autres, l'ennemi, de son côté, les observe. Nous avons trop à nous défier de M. Thiers pour avoir le temps de nous défier ainsi du citoyen Cluseret, du citoyen Bergeret, du citoyen Rossel, et généralement de tous les autres citoyens. Avec ce système de destitution à jet continu, que nous mettions à la tête des troupes de la Commune le plus criminel des traîtres ou le plus pur des patriotes, nous serons aussi avancés dans le premier cas que dans le second.

Il est donc urgent de prendre un parti, et le seul qui aujourd'hui nous paraisse pratiqne, c'est de mettre à la tête de la situation militaire un homme muni de pouvoirs assez pleins pour avoir la faculté de destituer non-seulement ceux dont il se défierait, mais encore, mais surtout ceux qui se défieraient de lui.

Le jour où l'on fera passer devant les conseils de guerre non pas les soupçonnés, mais les soupçonneurs, peut-être arriverons-nous à un résultat. En attendant, voici plus d'un mois qu'on destitue toutes les semaines le chef militaire. C'est dire que, si les généraux changent, la situation ne change pas.

HENRI ROCHEFORT.

L'article suivant écrit malicieusement au conditionnel, nous voudrions dire au dubitatif, si ce mot existait dans la langue, est en réalité une satire de la Commune et une réponse aux grandes ribottes du *Père Duchesne*.

Le bruit court que le chef du pouvoir exécutif, d'accord avec ses sous-chefs, a sérieusement l'intention d'affamer Paris et qu'il a donné aux conducteurs des convois de marchandises l'ordre de les ramener à leurs propriétaires.

M. Thiers a constamment déclaré qu'il faisait la guerre, non à la population parisienne qu'il portait dans son vieux cœur, mais bien aux membres de la Commune qui l'opprimaient au moyen d'un système de terreur sans exemple dans l'histoire. Or, si innocent qu'on soit, on n'a pas dans le ventre quarante ans de ministère sans savoir que les populations souffrent beaucoup plus de la famine que les gouvernements.

Pendant le dernier siége, si quelques infortunés sont morts de faim dans Paris, *pas un d'eux ne siégeait à l'hôtel de ville comme membre de la défense nationale.* Affamer Paris, ce serait donc aller contre le but que M. Thiers affiche publiquement, puisque les plus sevrés seraient, NON PAS LES HOMMES DE CETTE COMMUNE qu'il voudrait voir tous sur le radeau de la Méduse, mais bien cette population parisienne qu'il prétend si innocente de tout ce qui se passe et qu'il persiste à croire si persécutée.

Mettre à exécution le projet qu'on lui prête de réduire par la faim la capitale qui lui résiste constituerait donc un acte de férocité dont M. Thiers comprendra, nous en sommes sûr, l'odieuse inutilité. S'il tentait d'accomplir un pareil acte de banditisme, il cesserait d'être ce qu'il est, c'est-à-dire un fratricide et un allumeur de guerre civile, pour devenir un simple anthropophage.

Il ne nous resterait plus alors qu'à courir sus à ce mangeur de chair humaine et à l'envoyer, par un bon décret de déportation, retrouver sa vraie famille, les cannibales de la nouvelle Calédonie.

HENRI ROCHEFORT.

Oui, si quelqu'un meurt de faim à Paris, ce ne seront point les grands citoyens membres de la Commune, malgré l'arrogante et mensongère assertion du Comité de la garde nationale qui prétendait que les membres du gouvernement se contentaient de leurs trente sous par jonr.

Rochefort a vu juste, il a mis le doigt sur la plaie saignante. Les membres de la Commune ne seront point les premiers à souffrir de la faim.

Ceux que l'on arrêtera ne seront point réduits à leur trente sous comme Robespierre.

Dans cette insurrection ignoble du 18 mars, il y avait surtout des convoitises immondes. Tu as été du gouververnement. Pourquoi n'en serais-je point à mon tour? Est-ce qu'il ne faut pas que tout le monde y passe.... Jouir du pouvoir... être quelque chose, toucher la dictature, ne fut-ce qu'une heure. La Commune a été la Marguerite de Bourgogne de la Révolution. Avec cette différence que la majeure partie des scélérats ont trouvé moyen de sortir de la Tour de Nesles, grâce à la connivence de leurs amis les Prussiens.

Ce que j'ai vu de plus vrai après la judicieuse remarque de Rochefort sur l'impossibilité dans laquelle Thiers se trouvait d'affamer la Commune, c'est une caricature représentant une vieille femme qui rencontre son tondeur de chiens avec une écharpe rouge. « Tiens! mon tondeur de chiens qui fait partie de notre gouvernement.... » « Silence citoyenne, ou je vous fais passer par les armes comme ayant manqué de respect à la majesté du peuple. »

C'est peut-être le peuple travailleur qui a fait la Révolution du 18 mars, je n'en sais rien et je ne veux pas le savoir. Mais celui qui en a profité certainement, c'est le peuple *gouapeur.*

Tout ce que Paris avait d'aventuriers s'est jeté à l'aveugle dans l'aventure.... Pêcher en eau trouble, c'est, comme l'a dit Rochefort, l'habitude de tous les prétendants, *même des prétendants à la dictature....* Ceux-là ne sont guère moins à craindre que les princes, surtout pour les Républiques naissantes.

Avant d'arriver à la catastrophe qui nous talonne—*Jam proximus ardet Ucalyon* — nous allons nous arrêter non sans complaisance sur deux articles que des lecteurs trouveront impies et que nous, nous ne trouverions que gracieux s'ils ne se trouvaient intimement liés à une pareille histoire. Mais Rochefort était un peu comme Archimède attaché à la solution d'un problème de mécanique et n'entendant point la voix du soldat romain qui le menace de mort. L'artiste est un enfant qui poursuit des papillons, et qui ne s'aperçoit point que sur les grands chemins où il s'égare.... passe de la mitraille.

Est-ce que le *pieux monarque*, écrivant chaque fois à Augusta pour lui annoncer, au nom du Dieu clément et miséricordieux, qu'il a tué des milliers de créatures humaines, n'avait point déshonoré la prière publique? Est-ce qu'il ne fallait pas donner au moins à la piété collective le temps de se réhabiliter ? Qui travaille prie, dit le livre saint, qui fait de bonnes lois prie bien davantage. La prière la plus efficace eût été de chasser tons ces prétendants, qui papillonnaient autour de notre triste Pénélope.

Si Ulysse pouvait revenir, et, saisissant son arc d'argent, en faire un grand massacre! Car ces prétendants ont été les bandilleros ou les piccadores qui ont excité la fureur du taureau populaïre. Sans eux le comité de la garde nationale n'aurait pas fait ses frais d'affiche infâme. Le mouvement eût échoué sur les bancs de la police correctionnelle. Le crime eût été ramené aux proportions d'un tapage nocturne.

PIÉTÉ VERSAILLAISE.

La question des prières publiques est revenue sur le tapis à l'assemblée de Versailles, et, en lisant la séance où la proposition a été votée à l'unanimité moins trois voix, on ne peut s'empêcher de pousser ce cri : « L'Empire est dépassé ! »

Il faut reconnaître que les Bonaparte, les Morny, les Fialin, et tous les bâtards du 2 décembre qui ont marché pendant vingt ans avec du sang jusqu'aux genoux, ne sont jamais tombés dans de pareilles jongleries.

La France, après le 4 septembre, a eu pour la défendre un général nommé Trochu, qui, connu pour ses sentiments de haute piété, n'a certainement pas, dans toute la durée du siége, livré une seule bataille sans adresser à Dieu ses prières les plus ferventes. Il n'en a pas moins été formidablement battu dans toutes les sorties qu'il a tentées. Plus il priait, plus les défaites augmentaient de volume.

L'expérience nous ayant coûté l'Alsace et la Lorraine, non compris le déshonneur et cinq milliards, elle aurait dû paraître concluante et démontrer à l'esprit le plus valétudinaire à quel point les génuflexions sont inutiles.

La lettre du comte de Chambord et les promenades politiques des d'Orléans sur le territoire français, rapprochées de ces manifestations moyen-âge, donnent la mesure des misères matérielles et morales réservées à la patrie, le jour où elle se laisserait aller à l'avachissement jusqu'à se mettre entre les mains de ces buses.

Si vous aviez tant de confiance dans le pouvoir céleste pour mettre fin à ce que vous appelez « l'insurrection, » pourquoi donc, avant même le premier coup de fusil, avez-vous détalé avec cette ardeur vers les régions départementales? Puisque les membres de l'Assemblée croient si fermement à l'efficacité des prières adressées au Très-Haut, qui les empêchait de rester à Paris au milieu du danger au lieu de s'enfuir comme un troupeau de zèbres?

Pendant que la Révolution du 18 mars grondait et que la garde nationale chassait à coups de crosse les Vinoy envoyés pour reprendre les canons de Montmartre, nos héroïques députés n'avaient qu'à aller s'agenouiller dans les stalles de Notre-Dame ou dans celles de Saint-Eustache, aujourd'hui transformée en salle de réunions publiques. Nul doute que Dieu, flatté de cette attention, n'eût ordonné aussitôt aux obusiers placés sur les buttes d'aller se ranger d'eux-mêmes sous les bannières des généraux versaillais.

Mais ces pseudo-catholiques ont alors considéré la fuite comme infiniment plus sûre que la prière. C'est aujourd'hui seulement, en se sentant bien à l'abri dans le château du roi-soleil, qu'ils songent à invoquer la divinité. Ce n'est pas « aide-toi, » c'est « sauve-toi, le ciel t'aidera. »

La Commune a déjà commis plusieurs fautes graves, et il est malheureusement probable qu'elle en commettra encore; mais l'imbécilité de ses adversaires semble prendre à tâche de les effacer toutes. J'ignore si quelques mesures vexatoires du gouvernement de Paris ont pu faire remonter les actions du gouvernement de Versailles, mais on ne saura jamais au juste à quel point les actes d'idiotisme du gouvernement de Versailles donnent de force à celui de Paris. HENRI ROCHEFORT.

LES PRIÈRES PUBLIQUES.

Molière où es-tu? pourquoi être mort si jeune, mon bon Poquelin? L'assemblée de Versailles, qui pulvérise nos maisons, qui fusille nos gardes nationaux prisonniers et qui demande tous les matins quarante mille têtes parisiennes, vient de voter, à la presque unanimité, une mesure destinée à écarter définitivement les maux qui désolent notre pays. On va prochainement ordonner sur tout le territoire français, quoi? la levée en masse? un impôt forcé pour arriver, en payant immédiatement les cinq milliards, à se débarrasser de la vermine prussienne? Jamais! On vient de voter des prières publiques.

Le général Du Temple — un beau nom pour un homme qui aime à s'agenouiller dans les églises — a été encore plus loin. Il n'a pas hésité à déclarer que tous nos malheurs venaient de ce qu'on ne jeûnait pas assez. Aussi, indépendamment des prières, a-t-il énergiquement demandé des jeûnes.

J'ignore dans quel bénitier ce Du Temple là a couché pendant le siége, mais s'il était resté à Paris, il aurait pu s'assurer qu'on y a accompli une série de jeûnes sans précédent. A l'heure même où j'écris ces lignes, nos convois de vivres sont arrêtés sur plusieurs lignes par M. Thiers, et nous payons la viande de boucherie 2 francs la livre, ce qui oblige la plupart des ménagères à un jeûne qui réjouit peut-être l'âme séraphique du général Du Temple, mais qui, loin de modifier jusqu'ici notre situation douloureuse, contribue à la compliquer.

Ces vampires, conseillant le jeûne à une ville qu'ils tâchent d'affamer par tous les moyens possibles, sont plus hauts que la colonne Vendôme, en attendant qu'on les culbute comme elle. Ils est probable qu'ils s'étonnent de ne pas nous voir accepter avec joie leurs obus, comme Tartufe recevait la discipline par esprit de contrition.

Si Jésus-Christ n'est pas suffisamment apaisé par les six mois de jeûne que nous avons déjà dans l'estomac, il faut reconnaître que c'est un paroissien bien difficile à contenter. Et si nous consentons à continuer ce système d'alimentation qui nous a si mal réüssi, c'est à la seule condition qus lee donneurs d'eau bénite versaillais, général Du Temple en tête, nous donneront l'exemple du jeûne en versant dans les caisses publiques, comme appoint au paiement de l'indemnité prussienne, leurs traitements de députés ; que le gros Picard, qui mange comme quatre, renoncera à ses effroyables émoluments de ministre, et que le petit Thiers offrira à Dieu, avec les moellons de son hôtel, ses six cent mille francs d'appointements.

C'est égal ! Quels hommes que ces batteurs en brèche ! Avoir tant à faire avec nos fortifications et s'occuper encore de nos mortifications ! HENRI ROCHEFORT.

Mais nous approchons de la fin sinistre, sombre... Voilà l'heure où Delescluze va présider à la destruction de la colonne Vendôme... à la démolition de la maison de M. Thiers... à l'incendie des édifices publics, à la fusillade des otages.

L'opinion du *Père Duchesne*, de la *Montagne*.... on n'a pas besoin de la demander. Mais celle du *Mot d'Ordre* n'est point aussi claire. Rochefort s'est prononcé un peu comme OEdipe parlant au sphinx... Et, en effet, le public qui l'écoute ressemble au sphinx en ce sens qu'il peut dévorer ceux qui ne lui répondent point d'une façon suffisamment claire. Il dévore, en outre, ceux qui ne répondent point à sa guise.

Je reçois une quantité de lettres assez considérable pour me sentir forcé d'en tenir compte, dans lesquelles mes correspondants me demandent de déclarer nettement si, oui ou non, j'approuve la démolition de l'hôtel de M. Thiers et la confiscation de ses meubles.

Je demande à répondre par un simple récit : Je possédais, moi aussi, il y a quelques mois, une propriété située alors rue du Faubourg-Montmartre, n° 10. Cette propriété, j'ose le dire, je l'avais bien gagnée, car son acquisition m'avait coûté, en moins d'un an, cinq ans et demi de prison et cent quinze mille francs d'amende.

Libre chez moi comme tout citoyen doit l'être, je me croyais le droit incontestable d'y exprimer mes opinions politiques et d'inviter le plus grand nombre possible d'amis à venir les partager.

Un jour, le même M. Thiers, ce Marius bonnetier qui pleure aujourd'hui sur les ruines de la place Saint-Georges, est entré chez moi accompagné du replié en bon ordre Vinoy, et, en un clin d'œil, ils ont fait de ce qui m'appartenait un monceau de décombres.

La propriété dont je parle, c'était le *Mot d'Ordre*. En admettant que l'axiome « œil pour œil, dent pour dent » ne soit pas du goût de tout le monde, il faut bien reconnaître que ce n'est pas la Commune qui a commencé, et que le sieur Thiers, en supprimant d'un seul coup six journaux appartenant à mes confrères et à moi, nous a donné à tous le funeste exemple de la démolition.

J'insisterai même sur ce point : qu'en abattant les

murailles à l'abri desquelles M. Thiers a élaboré tant de belles choses, on ne lui a pas enlevé la faculté d'en écrire encore de plus belles si le cœur lui en dit, tandis qu'en faisant disparaître nos journaux, non-seulement le démoli du 14 mai détruisait nos propriétés, mais il brisait en même temps les plumes au moyen desquelles nous aurions pu nous plaindre de cet attentat.

En dehors donc de toute appréciation sur le bombardement actuel, je prie respectueusement mes correspondants de vouloir bien me dire de quel côté sont parties les premières violences, et qui, dans ces abattis réciproques, a donné le premier coup de pioche.

HENRI ROCHEFORT.

Ce qui décide Rochefort, c'est encore la suppression du *Mot d'Ordre* par le général Vinoy avant que le 18 mars éclatât... Et c'est, en effet, cette suppression qui a décidé de l'explosion. Mon frère, Ulric de Fonvielle, était arrivé à maintenir son bataillon dans le respect des lois, jusqu'au jour où éclata le décret funeste. Mais quand le peuple vit que l'on supprimait les journaux, il crut l'empire revenu. Ulric, qui passait une revue, eut toutes les peines du monde à maintenir ses soldats dans le devoir... S'il avait eu moins de fermeté, il aurait éprouvé le sort du commandant Arnaud. Car il ne manquait point de Delochei.

Toutefois, assimiler un journal à une propriété est un peu fort... En tont cas, il n'y a pas de propriété dont on ne puisse être exproprié pour cause d'utilité publique. En matière de propriété, il faut être plus révolutionnaire que Rochefort. Du reste, si le gouvernement de Thiers avait donné le premier coup de pioche, il faut avouer que la Commune avait bien rattrapé le temps perdu, grâce surtout à l'intègre Delescluze, le *replié en mauvais ordre* sur Londres. Celui-là, il ne s'est pas contenté, comme Ducrot, de déclarer qu'il ne rentrerait que mort ou victorieux; pour fuir, le lâche, il s'est fait passer comme mort... Il a ignoblement passé son écharpe à un cadavre, et glissé ses papiers dans la poche d'un malheureux défiguré...

Mais cet article n'est point le seul, il marche à côté d'un autre, intitulé : *Le dernier jour de la colonne.*

Cet acte de vandalisme, le *Mot d'Ordre* a essayé de le justifier en publiant l'ode d'Auguste Barbier, écrite en mai 1831, et intitulée : *L'Idole.*

Barbier, comme on le sait, condamne :

> Ce bronze que jamais regardent les mères;
> Ce bronze grandi sous leurs pleurs.

Dans Hugo, l'hôte universel de la place des Barricades, on n'aurait point trouvé d'élans pareils.

LE DERNIER JOUR DE LA COLONNE.

Nous n'aurions pas pris la peine de dire notre mot sur l'abattage du morceau de bronze qui coupe en deux l'horizon de la rue de la Paix, si nous n'avions constaté que le peuple français, tombé si bas depuis vingt ans, en est encore à se préoccuper des questions de colonnes.

Celle qui a fait si longtemps la célébrité de la place Vendôme a toujours été à nos yeux sans excuse, d'abord parce qu'elle est construite dans le style de l'Empire, le plus insupportable de tous les styles, et en second lieu parce qu'elle a été élevée dans le but immoral de perpétuer le plus insupportable des gouvernements.

Qu'une nation dresse des statues, avec des colonnes dessous, à ses bienfaiseurs, c'est déjà grave, la statue n'étant qu'une variété de la croix d'honneur; mais quand il a été reconnu qu'un homme est l'auteur de tous les maux qui accablent un pays, quand on doit, tant à lui qu'à sa descendance, des désastres sans nom et des humiliations sans exemple, lui conserver les piédestaux qu'il s'est fait fabriquer lui-même, ce serait donner aux étrangers qui nous contemplent le spectacle d'une grande perturbation morale.

Il devenait impossible d'étonner plus longtemps nos visiteurs qui, en arrivant à Paris, lisaient, dans tous les cafés, des journaux remplis de malédictions contre les Bonaparte depuis le premier jusqu'au dernier, et qui lorsqu'ils demandaient, en passant devant la colonne, à la mémoire de qui avait été bâti ce monument de l'ordre dorique, recevaient cette réponse :

« Mais à la mémoire de Napoléon Bonaparte, qui, de son vivant et même après sa mort, n'a cessé d'être pour la France le plus exécrable des fléaux ! »

C'est en vain qu'on essaye de nous faire comprendre que ce bronze étant celui de douze cents canons pris aux Prussiens, nous allons donner, en l'abattant, une nouvelle satisfaction à nos ennemis, qui ont déjà tant de raisons d'être satisfaits. Hélas ! les Prussiens sont plus pratiques que nous autres. Eux aussi nous ont pris des canons, et plus de douze cents encore, l'honorable Bazaine et l'imbécile Mac-Mahon leur en ayant livré à eux deux environ quatre mille ; mais au lieu de les convertir en colonnes fichées en terre en son honneur, le roi Guillaume les a conservés tels qu'ils étaient, et il s'est bel et bien servi de ce précieux matériel pour nous renvoyer les obus que nous lui destinions.

C'est non moins en vain qu'on demande pourquoi le gouvernement de l'hôtel de ville, qui démolit la colonne, laisse debout l'Arc-de-Triomphe. Celui-ci, en effet, a été élevé à des citoyens tandis que celle-là a été élevée à un homme. L'Arc-de-Triomphe, c'est la France. La colonne

Vendôme, c'est Bonaparte. Qui sait même si cet amas de métal, célébré par tant de couplets, n'a pas contribué pour sa part à nous précipiter dans l'abîme! Peut-être s'ils s'étaient sentis moins fiers en regardant la colonne, les Parisiens egarés eussent-ils poussé moins obstinément ce cri funeste : « Berlin! » à la suite duquel Berlin est venu chez nous.

Nous ne pouvons donc qu'applaudir à la démolition de ce trophée, qui est aujourd'hui une insulte à nos misères. Franchement, ce serait trop de stoïcisme que de garder au milieu de nous l'image de Napoléon Ier, quand les généraux de Napoléon III nous bombardent.

Tout ce qui rappelle au peuple ces massacreurs et ces pervertisseurs qu'on intitule les Bonaparte doit être écarté comme un cauchemar. Aujourd'hui même le bonhomme de bronze sera descendu de son socle, et le socle anéanti avec son bonhomme. Eh bien, ce ne serait que justice si, sur la place même où ils ont si longtemps trôné, le peuple brûlait de sa main cet autre monument dépravateur qui s'appelle l'*Histoire du Consulat et de l'Empire.*

Henri Rochefort.

Dans cet article il y a du vrai, mais il eût été vrai sous la seconde République, alors que Hugo s'opposait à la démolition et en reprochait l'idée comme un crime. La France vaincue, trahie, mutilée, doit devenir fanatique de sa gloire militaire. Rochefort le sent bien puisqu'il reproche ailleurs, à Versailles, d'abimer l'Arc-de-Triomphe.

Rochefort approuve, *mais après coup*, lorsque le mal n'est plus à faire, lorsqu'il est possible en approuvant de diminuer l'étendue du mal qu'il reste à faire...

Car ce qu'il conseille ne peut être pris au sérieux... Brûler l'*Histoire du Consulat et de l'Empire!* Qui donc pourrait le faire? Comment anéantir tous les exemplaires dispersés à la surface de la terre? Autant vaudrait chercher à brûler la *Lanterne*. Puis, Rochefort a-t-il lu ces immenses ouvrages? Que connaît-il de l'empire, si ce n'est ce que lui ont appris peut-être Barni et Charras! S'il eût parcouru jamais l'œuvre de Thiers, il n'y aurait pas puisé cette haine aveugle qu'il feint d'éprouver à la onzième heure!

Qu'est Louis Blanc, qu'il admire, auprès de l'écrivain, qui l'a précédé, distance surpassé qui sera dans sa vieillesse fidèle à ses premières pages, tandis que l'écrivain qui a trouvé dix volumes d'éloges pour Robespierre n'aura pas trouvé dix paroles de malédiction pour flétrir, les singes de Chaumette, les plagiaires du *Père Duchesne*, les scélérats qui ont déshonoré jusqu'aux journées de Septembre.

Limiter le mal quand les Raoul Rigault étaient déchaînés, quand les pétroleuses tenaient à la main leur torche presque fumante, c'était, hélas! tout ce que l'on pouvait faire.

L'article suivant est écrit pour amener la fin qui le justifie, qui le glorifie même. Il faut excuser les premières lignes; si on le tronquait il serait horrible et digne d'être sorti de la plume du gracieux Vésinier. Sauf le style, il figurerait bien dans les colonnes du *Père Duchesne*. Mais c'est un article diplomatique. Les communards ne s'y sont point trompés. Delescluzes a flairé l'opposition. S'il l'avait pu, Rochefort ne serait point en prison à Versailles, à cette heure.

LES OTAGES.

La dernière séance de la Commune a été consacrée en partie à l'examen du mode d'application du décret relatif aux otages.

Si, comme tout semble l'indiquer, les auteurs de l'explosion de la cartoucherie de l'avenue Rapp sont des agents du gouvernement de Versailles, on ne saurait user de trop de représaillss contre des bandits qui mettent lâchement et inutilement le feu à des établissements occupés par des femmes, et le gouvernement de Paris serait impardonnable s'il ne faisait pas prompte et exemplaire justice de ces actes, que leur horreur même rend presque incompréhensibles.

Mais si cette même justice doit être efficace et terrible, c'est à la condition expresse de ne pas être la fantaisie. Or, l'article du décret qui stipule que les individus destinés à subir la peine du talion révolutionnaire seront désignés par le tirage au sort, ne peut manquer de jeter dans les esprits les plus résolus une perturbation inénarrable.

Nous sommes donc absolument de l'avis du citoyen Raoul Rigault quand il a dit :

« Le sort peut désigner les moins coupables, et ceux qui le sont le plus peuvent être épargnés. »

En admettant cette chose inadmissible qu'il n'y ait plus d'autre peine que la peine de mort, au moins faut-il que la vie de l'homme même le plus criminel soit à la merci d'une autre autorité que celle d'un coup de roulette. En effet, tous les coupables catalogués parmi les otages seront forcément considérés comme condamnés à la peine capitale, puisqu'ils pourront la subir d'un jour à l'autre; et alors de quel droit exécuterez-vous celui-ci de préférence à celui-là? Est-ce parce qu'en mettant la main dans un chapeau le premier aura ramené le numéro 4, tandis que le second aura tiré le numéro 6?

On comprend ce jeu sinistre sur le radeau de la *Méduse*, où aucun des passagers n'avait plus mérité que l'autre d'être mangé par ces compagnons. Mais il ne s'agit pas ici d'une nécessité d'estomac. Le poëte l'a dit : « Le crime a ses degrés. » C'est donc à celui qui en a franchi le plus grand nombre, et non à un autre, que la peine la plus forte doit être appliquée. Personne ne peut sortir de ce raisonnement sans réduire toutes les morales du monde à une simple partie de baccarat.

Voilà pour la question de principe. Qnant à la question de fait, elle est encore plus sérieuse, si quelque chose pouvait être plus sérieux que les idées de justice éternelle. A chacun des nôtres fusillé à Versailles, Paris, répondra, dit le décret, par l'exécution de trois otages. Or, on le sait, les Versaillais, qui ne brillent ni par le scrupule, ni par le respect de la vie humaine, ont actuellement entre les mains un certain nombre de braves gardes nationaux, dont le sort est bien fait pour nous inquiéter. Si, à l'exécution de ses trois complices, Thiers répond par celle de six de nos amis, que ferons-nous? Nous répliquerons donc par la mise à mort de vingt-quatre nouveaux otages, à laquelle on nous opposera le meurtre de quarante-huit autres prisonniers, puis de quatre-vingt-seize, puis de cent quatre-vingt-douze, et ainsi de suite, jusqu'à dépeuplement total des îles de Ré et d'Oléron, où Versailles envoie nos combattants, en attendant mieux.

On conviendra que cette sanglante réponse du berger à la bergère ne pourrait durer longtemps. Mieux vaut donc ne pas inaugurer un système qu'on serait forcément obligé d'interrompre.

Le jour où on tiendra les misérables qui ont massacré une infirmière, après l'avoir violée, et les gendarmes qui se déguisent en gardes nationaux pour aller faire sauter nos poudrières, qu'on sévisse. Mais c'est aux coupables avérés et reconnus que nous sommes tenus de limiter nos représailles. Hélas! les derniers événements ont mis en lumière assez de criminels pour qu'il soit inutile de demander au hasard d'en fournir. HENRI ROCHEFORT.

En écrivant ces mots, Rochefort savait qu'il avait peu de pitié à attendre. Aussi prend-il la précaution de protester contre des bruits de fuite qui avaient transpiré.

J'avais entrevu avant-hier dans le *Gaulois* une de ces nouvelles inventées à plaisir par ces prostitués de lettres, qui ont soin de prendre le train de Versailles avant de risquer des personnalités contre ceux qui sont restés à Paris.

Je n'aurais pas même lu jusqu'au bout cette inepte assertion où il est dit que j'ai écrit à Arcachon, à « ma maîtresse » (quel bon goût et quel beau langage!), pour la prier d'aller me retenir un appartement à Bruxelles.

Mais plusieurs journaux, en reproduisant cette note, me forcent à la relever. Je n'ai à Arcachon que ma sœur, ma fille et mon petit garçon, qui étaient venus m'y retrouver quand j'étais malade, et il y a déjà quelque temps que je leur ai écrit, non pour les inviter à aller me retenir un appartement à Bruxelles, mais pour leur dire de venir me rejoindre à Paris, tant je crois peu à l'entrée des Versaillais.

La seule crainte que puisse me faire éprouver la note publiée par les chanteurs du *Gaulois*, c'est que ma lettre ne soit, en effet, tombée dans les mains du préfet de Bordeaux. Elle contenait un chèque que j'adressais à ma famille pour les frais du voyage d'Arcachon à Paris, et il possible que, fidèle aux traditions de l'empire, ce fonctionnaire ait à la fois gardé ma missive et empoché mon argent.

HENRI ROCHEFORT.

De qui se cachait-il : de Paris plus encore que de Versailles? Car Versailles jugeait et Paris fusillait. Heureusement, Rochefort fut arrêté par des Versailleux et non par des *Vengeurs de Flourens*.

Nous coupons dans un journal du temps le récit de la catastrophe finale.

L'ARRESTATION DE M. ROCHEFORT.

Hier matin, le *Mot d'Ordre*, au grand étonnement de tout le monde, ne paraissait pas. En même temps, on apprenait le départ précipité de M. Rochefort, départ qu'avait annoncé le *Gaulois*, et que M. Rochefort avait démenti la veille même en termes formels.

Nous lisons à ce sujet dans la *Vérité* :

« On se demandait hier matin pourquoi le *Mot d'Ordre* avait cessé de paraître. Était-ce par crainte de la cour martiale ou par crainte du gouvernement de Versailles? Nous trouvons dans nos correspondances l'explication de ce mystère :

« M. Henri Rochefort a quitté Paris avant-hier matin, disent nos correspondants. Le même jour, il était arrêté à Meaux et dirigé sur Versailles, où il a dû arriver hier soir.

« Le fait est positif ou du moins donné comme tel. Nous n'avons pas à le discuter. Si M. Rochefort a quitté brusquement Paris après avoir, comme l'on dit, jeté sur le feu le plus d'huile possible, s'il a déguerpi du soir au matin au moment précis où il a été question d'une attaque sérieuse des troupes de Versailles, c'est qu'il a cru pouvoir honorablement déserter son poste à l'heure du danger. »

La *Politique*, de son côté, publie la lettre suivante :

« Monsieur le Rédacteur,

« Je vous serais vivement obligé si vous vouliez bien annoncer à vos lecteurs qu'en présence de la situation faite à la presse, le *Mot d'Ordre* croit de sa dignité de cesser de paraître.

« Salut fraternel. « HENRI ROCHEFORT. »

Nous nous bornerons, comme commentaire et résumé de notre travail, à citer ce que nous écrivions à Bruxelles, vers le milieu du mois d'avril, dans notre opuscule la *Terreur* :

Henri Rochefort est libre... il publie son *Mot d'Ordre*, du moins. Mais quelles pensées doivent traverser son active et impressionnable intelligence, en présence de si grands événements !

N'est-il point le premier à sentir la décadence... de son bon sens, de sa raison? Dieux puissants, le voilà, l'homme inimitable qui a terrassé l'empereur, obligé de lutter avec Vésinier! Combien il doit regretter ces jours de cellule où il jetait un regard furtif à travers les barreaux de Sainte-Pélagie pour apercevoir la femme aimée qui se cachait des sergents de ville, et qui mendiait un sourire en se penchant gracieusement à la fenêtre du marchand du vin. La *Lanterne* restera comme un monument immense, si Rochefort n'emploie pas tout son esprit, toute sa science à la gâter! Rochefort a instinctivement horreur des drôles. La suppression des feuilles lui a fait horreur. Il a protesté... Sans doute, il protestera encore. Que Rochefort redevienne Rochefort, et la République aura remporté une victoire plus grande que celle que prépare, dit-on, Mac-Mahon.

Ce que nous disions alors nous le répétons encore après une étude patiente, attentive des écrits de Rochefort pendant cette période sombre.

Nous espérons que chacun de nos lecteurs éprouvera un sentiment de même nature.

FIN.

www.ingramcontent.com/pod-product-compliance
Ingram Content Group UK Ltd.
Pitfield, Milton Keynes, MK11 3LW, UK
UKHW012035240726
13965UKWH00003B/808